오자와이즘

小沢一郎 ⓒ立本義浩

오자와이즘

- 도전하는 청년에게 고함 -

오자와 이치로 지음

이원덕 · 최고은 옮김

지은이

오자와 이치로(小沢一郎)

1942년 5월 24일, 이와테현 오슈시(岩手県奥州市)에서 출생.
게이오대학 경제학부 졸업 후, 니혼대학 대학원 입학.
1969년 중의원 의원 첫 당선 이후 14선.
1985년 자치대신, 1989년 내각관방부(副) 장관에 취임.
1989년 47세의 자민당 간사장 취임 이후 3기 간사장 역임.
1993년 자민당을 탈당 후 신생당을 결성하여 간사장, 95년 신생당 당수 역임.
2003년 민주당과 통합하여 대표 대행, 2006년 민주당 대표 취임.
2009년 8월 자민당 장기집권 체제를 종식하고 민주당 정권 수립.
2009년 9월 현재 민주당 간사장.

옮긴이

이원덕

1962년 생. 서울대학교 외교학과를 졸업하고 일본 도쿄대학교에서 국제관계학 박사학위를
받았다. 세종연구소 연구위원, 피츠버그대학 객원연구원, 도쿄대학 객원교수 역임, 현재 국민
대학교 국제학부 교수, 국민대 일본학연구소 소장으로 재직 중이다.
지은 책으로『한일 과거사 처리의 원점』,『동요하는 일본신화』(편저),『한국에게 일본은 무엇
인가?』(공편),『일본정치론』(공저) 등이 있고, 옮긴 책으로는『동북아 공동의 집』,『전후일본
의 안보정책』,『위기의 일본정치』등이 있다.

최고은

국민대학교에서 일본사와 정치를 전공하였다. 현재 대학원에서 일본 대중문화에 관심을
가지고 공부하고 있으며 일본소설 전문번역가로도 활동 중이다.
옮긴 책으로『인사이트 밀』,『도미노』등이 있다.

小沢主義　小沢一郎 著

국민대학교 특강을 계기로 나의 저서 『오자와이즘』이 한국어로 번역, 출판되어 한국의 독자들에게 다가갈 수 있게 되었다는 점을 무척 기쁘게 생각합니다.

한국에서는 『일본개조계획』이래 두 번째로 번역, 출판이 됩니다. 『오자와이즘』은 나에게는 13년 만에 집필한 책으로 이 책에 대해서는 아주 특별한 애정을 가지고 있습니다.

이 책은 원래 일본의 젊은이들을 독자로 상정하고 쓴 것이지만 한국에서의 출판을 계기로 일본에 흥미를 갖고 있는 한국인들에게도 읽힐 수 있다면 저로서는 큰 영광이라고 생각합니다. 또한 이 책에서 제가 주장하고 있는 메시지들이 한국의 독자들에게도 공감을 얻을 수 있다면 저로서는 더없이 기쁩니다. 이러한 과정을 통해 한일 양국이 보다 잘 이해하고 소통할 수 있는 장이 만들어진다면 무엇보다도 보람 있는 일이 될 것입니다.

마지막으로 제 저서의 한국어 번역과 출판에 관여해 주신 모

든 분, 특히 국민대학교 일본학연구소의 이원덕 선생에게 깊은
감사의 말씀을 전하고 싶습니다.

2009년 12월

오자와 이치로

일본 젊은이들을 위한 정치론, 리더론을 써 달라는 이야기를 처음 들은 것은 지금으로부터 2년 전이었다. 내가 뜻있는 젊은이들을 모아 매년 '오자와 이치로 정치 교실'을 열고 있다는 이야기를 듣고 무척 관심을 가졌다고 한다.

내가 '오자와 이치로 정치 교실'을 연 지도 벌써 6년째다. 이름은 '정치 교실'이지만 정치의 세계뿐만이 아니라, 사회 각계에서 일본의 미래를 짊어질 젊은이들에게 나 나름의 철학, 이념과 리더론, 개혁론을 전수하고 싶다는 생각에 이 교실을 열었다.

새삼 말할 것도 없지만, 지금의 일본은 위기적 상황에 처해 있다. 정치뿐만 아니라 행정, 경제, 교육 등 모든 면에서 제도적인 문제가 분출하고, 일본 사회 그 자체가 멜트다운meltdown 직전에 있다고 해도 좋을 것이다.

나는 정치가로서 이 상황을 극복하기 위해 '일본의 자기개혁'을 주장해 왔지만, 일본을 재건설하기 위한 개혁은 하루아침에 이루어지지 않는다. 그 또한 사실이다.

특히 일본 사회의 도덕성 상실과 교육 황폐화는 몇 세대에 걸쳐 고쳐 나가지 않으면 해결할 수 없는 문제다.

그렇기 때문에 역시 젊은 세대, 일본의 미래를 짊어질 세대의 젊은이들 가운데에서 뜻있는 지도자가 나타나줘야 한다.

하지만 나는 분명 나와 같은 뜻을 가진 젊은이가 나타날 것이라 믿고 있다.

막말에 페리의 흑선이 내항해, 에도 막부가 내우외환을 안고 제 기능을 다하지 못했을 때, 전국에서 개혁의 뜻을 가진 젊은이들이 나타나 메이지유신을 단행했고, 일본은 구미의 식민지가 되지 않고 근대 국가로 다시 태어났다. 때때로 일본은 '지도자가 없는 나라'라 불렸고, 현재 상황도 별반 다를 바 없지만, 메이지유신의 사례를 보면 뛰어난 지도자가 등장할 가능성도 충분히 있다고 할 것이다.

그렇다고는 해도 젊은 지도자의 출현을 손 놓고 기다리고 있을 수는 없다. 내가 정치 교실을 연 것도 내 경험과 생각, 지식이 젊은이들에게 참고가 되었으면 하는 바람에서다.

다행히도 정치 교실에는 매년 수많은 젊은이들이 몰려든다. 정치 교실은 전, 후기를 합쳐 2년 간, 4번의 집중 강의를 중심으로 진행된다. 각 3박 4일의 일정으로 진행되는 집중 강의에 참석하기 위해서는 당연히 회사나 학교를 빠져야 하지만, 모두 열심히 참가하고 있다.

하지만 이런 방식에 한계가 있는 것 또한 사실이다. 뜻이 있다 해도 여러 가지 사정으로 이 정치 교실에 참가하지 못하는 사람들이 다수 있을 것이다. 그래서 내가 정치 교실에서 가르치는 내용을 한 권의 책으로 정리해 보지 않겠냐는 권유를 받고, 나는 흔쾌히

받아들였다.

하지만 『일본개조계획』 출판 이후 13년 만에 하게 된 이 책의 집필 작업은 결코 쉽지만은 않았다. 국회의원으로서의 공무를 다하고, 또한 필생의 저서로 생각하는 『신개조계획』을 정리하는 사이에 집필했기 때문에 예상보다 시간이 더 걸렸다. 게다가 올해(2006년) 4월, 민주당 대표로 취임했기 때문에 집필이나 교정에 할애할 시간이 더욱 줄어들었다.

결국 이 작은 책을 완성하는 데 2년 이상의 세월을 들인 셈이지만, 시간을 들인 만큼 알찬 내용으로 채워졌다고 생각한다. 이 책에는 나의 모든 사상과 신조가 응축되어 있다. 그래서 '오자와이즘'이라는 제목이 결코 거창한 것은 아니라고 확신하고 있다.

이 책은 현재 일본에서 살아가는 젊은이들을 염두에 두고 쓴 것이다. 하지만 다소 거창하게 들릴지 모르나, 젊은이들뿐만 아니라 일본인 모두가 읽었으면 한다. 정치는 정치가들만의 것이 아니다. 국민 개개인이 주권자로서 정치에 문제의식을 가져야만 진정한 개혁으로 이어질 것이다. 현재 일본은 확실히 어려운 상황에 처해 있다. 하지만 국민 개개인이 자립하여, 자각을 가지고 개혁에 착수한다면 일본은 반드시 되살아날 수 있을 거라 나는 굳게 믿는다.

한 명이라도 더 많은 일본인에게 읽히길 바라며.

2006년 7월 민주당 대표실에서

오자와 이치로

차례

1장 선거의 중요성   13

'바닥 훑기 선거'야말로 민주주의의 원점이다 | 선거가 정치가를 만든다 | 먼저 사람들의 목소리에 귀를 기울여라 | 선거 활동은 상류에서부터 | 가구별 방문 금지는 민주주의 부정의 논리다 | 선거에 강해져야만 하는 이유 | 나는 '2세 의원'이다 | 철저하게 선거구를 돌다 | 소규모 집회의 연속 | 왜 일본 언론은 선거를 믿지 않는가 | 농산물을 포함한 무역자유화를 주장해온 이유 | 왜 관료의 말대로 되는 정치가가 많은 것인가? | 대규모 농가를 우대하는 어리석은 농수산성 | 왜 '부족분 지급제'인가 | 민주주의의 비용 | 국민 수준 이상의 정치가는 나타나지 않는다 | 기권하는 것은 백지 위임장을 제출하는 것이나 마찬가지다

2장 정치가 부재하는 나라, 일본   41

백성의 부뚜막 | 정치란 생활이다 | 일본의 미래는 없다 | '부의 재분배'로 일관한 전후 일본 | 정치가 부재하는 시대 | 수면 아래에서 연계플레이 하는 자민당과 사회당 | 정책 논쟁 부재가 일본을 못 쓰게 만들었다 | '요시다 독트린'의 공죄 | 내가 자민당을 탈당한 이유 | 이제 남은 시간이 얼마 없다 | 일본 사회에서 지도자가 나타나기 어려운 이유 | 일본 역사상의 '3대 개혁' | '개혁의 현실'에서 눈을 돌리면 안 된다 | 타협할 바에야 처음부터 개혁을 시작하지도 마라 | 변하지 않고 살아남기 위해서는 스스로 변해야만 한다

3장 '윗분 의식'으로부터의 탈피   73

정치와 관료 | 일본은 진정 민주주의 국가인가 | 왜 관료에게 일임해서는 안 되는가 | 정치의 태만 | 의식 개혁은 아직도 멀었다 | 영국에서 배운다 | 정치와 행정이 따로따로인 일본 | 로마제국이 오래 지속된 이유 | 국민 전체의 의식 개혁이 절실하다 | 그랜드캐니언의 교훈

1장

선거의 중요성

'바닥 훑기 선거'야말로 민주주의의 원점이다

민주주의 정치에서는 선거에 의해 정치가가 선출된다.

새삼 말할 것도 없지만, 선거라는 관문을 거치지 않으면 정치가가 될 수 없는 민주주의 시스템을 고안해 낸 선인들은 진정 위대하다고 해야 할 것이다.

선거는 정치가를 단련시키고, 진정한 '국민의 대표'로 거듭나게 해주기 때문이다. 선거를 단순한 인기투표나 득표 경쟁, 혹은 '귀찮지만 하는 수 없이 해야 하는 관례' 정도로 생각한다면, 그 사람은 진정한 정치가가 될 수 없다. 나는 그렇게 확신한다.

하지만 지금 일본인들은 그런 '선거의 중요성'을 이해하지 못하는 것 같다.

가장 큰 책임은 언론에 있다.

'바닥 훑기 선거'[1]라는 말이 있다. 골목에서 골목으로 한 가구씩 직접 방문하는 꼼꼼한 선거운동을 일컫는데, 일반적으로 언론에서는 이 말을 경멸적인 뉘앙스를 담아 사용한다. 인터넷이 널리 보급된 매스미디어 시대에 그런 예전 방식으로 선거운동을 하는 사람들을 시대에 뒤쳐진 고루한 후보라고 암암리에 말하고 싶은 것이리라.

하지만 나는 '바닥 훑기 선거'야말로 진정한 선거이고, 그것이 사라졌을 때 민주주의도 함께 사라진다고 생각한다.

선거가 정치가를 만든다

나는 2001년 1월부터 여러 분야에서 다음 시대를 짊어질 젊은이들을 발굴, 육성하기 위해 매년 '오자와 이치로 정치 교실'이라는 개인 교실을 열고 있다. 막말의 쇼카손주쿠[2]에서 힌트를 얻어 시작한 일인데, 매년 수많은 젊은이들이 찾아온다.

찾아오는 이들도 실로 다양하다. 대다수는 20대 젊은이들이지만, 학생, 회사원을 비롯해 현역 의사나 변호사, 세무사, 공무원 등 형형색색이다. 최근에는 여성의 참가율도 높아졌다.

이름은 '정치 교실'이지만 딱히 정치가 지망생을 스카우트하기 위한 곳은 아니다. 정치에만 국한하지 않고, 일본의 미래를 이

---

1 'とぶ板(수채뚜껑) 선거'라는 말의 의역임.
2 에도시대 말기(막말)에 조슈번(長州藩)의 무사인 요시다 쇼인(吉田松隱)이 강의하던 사숙(私塾).

끌어 나갈 젊은이들을 육성할 생각으로 이 교실을 열었다.

내가 개인적으로 주최하는 '교실'이기 때문에 예산은 풍족하지 않다. 각계의 강사 분들께 드리는 사례비는 우리가 부담하고 있지만, 회장까지의 교통비나 숙박비 등은 참가자들이 부담한다. 또한 1년에 2번 있는 집중강의는 아침부터 저녁까지 쉬지 않고 진행되기 때문에 그동안은 당연히 본업은 쉬어야 한다. 그 때문에 참가에 어려움이 많다고 할 수 있지만, 매년 정원을 훨씬 웃도는 사람들이 모여들기 때문에 선발하는 데 애를 먹곤 한다.

물론 나 역시 강의를 담당하고 있고, 또한 강의가 끝난 뒤에는 친목회에 나가 참가자들과 이야기를 나눈다.

그런 자리에서 가끔 '정치가가 되기 위해서는 어떻게 해야 하는가' 혹은 '좋은 정치가가 되기 위한 조건이란 무엇인가'라는 질문을 받을 때가 있다. '정치가가 되기 위해서는 무엇을 공부해야 하는가'라는 질문을 던지는 이도 있다.

나는 그런 질문에 대해 이렇게 대답한다.

"정치가가 되기 위한 공부? '이걸 읽으면 정치가가 된다'는 교과서는 존재하지 않습니다. 이것저것 생각하기 전에 행동한다. 유권자 속으로 뛰어들어 여러 사람의 이야기를 듣는다. 이보다 더 좋은 공부는 없습니다."

먼저 사람들의 목소리에 귀를 기울여라

선거철에 신인 후보들이 흔히 입에 담는 말이 있다.

'자신이 지금까지 일해 온 경험을 살려 정치를 하고 싶다' 또는 '친근한 정치가'라는 말이다.

그 마음에 거짓은 없을 테고, 그 또한 중요하다고 생각하지만, 나는 한 사람의 인간이 일을 통해 얻은 지식이나 경험만으로 정치를 하면 안 된다고 생각한다. 그것은 독선으로 끝나 버릴 확률이 높다.

세상은 넓다.

어떤 직업이든 자신의 일에서 배우는 것, 얻는 것이 많을 것이다. 하지만 그것은 어디까지나 한정된 세계에서 얻은 인식과 경험에 지나지 않는다.

세상에는 여러 직업을 가지고 여러 환경에 놓인 사람들이 있다. 그런 사람들의 생활 전부를 책임지는 것이 정치다. 그중에는 평범한 회사원들은 평생 모르고 끝날 수도 있는 세계도 수없이 많다.

그러니까 신인 정치가가 제일 처음 해야 할 일은 그런 다양한 사람들 속으로 뛰어들어, 그들의 이야기에 귀를 기울이고, 그들이 안고 있는 문제를 이해하는 것이다. 자신이 모르는 세상에서 고민하고, 괴로워하는 사람들의 이야기에 귀를 기울여야 한다.

물론 정치가는 하느님이 아니니 그 사람들 모두의 고민과 불만을 해결할 수는 없다.

하지만 그 수많은 이야기를 듣는 동안 자신이 정치가로서 무엇을 해야 하는지, 현재 사회의 어디에 문제가 있는지 구체적으로 파악할 수 있을 것이다.

바꾸어 말하자면, 그런 일을 제대로 하지 않고 정치가가 되려 하는 사람은 정치가로서 실격이다. 아무리 훌륭한 경력이 있다 해도, 또한 아무리 견문이 넓다 해도, 민주주의 국가의 정치가로서는 적합하지 않다. 나는 그렇게 생각한다.

선거 활동은 상류에서부터

나는 1969년(쇼와 40), 27살 때 초선의원이 되었다. 중의원 의원이 된 나는 다나카 가쿠에이田中角栄 씨를 찾아갔다.

이미 다나카 씨는 사토 파의 간부였기 때문에, 그의 눈에 나 같은 신인 의원은 아마 어린애처럼 비쳤을 것이다. 하지만 어째서인지 다나카 씨는 처음부터 나를 좋게 봐 주었다. 아마 내가 요절한 다나카 씨의 장남과 동갑이었기 때문일 것이다.

그 후 나는 다나카 씨 옆에서 정치의 기초에 대해 훈련을 받았다. 지금의 내가 있는 것은 다나카 가쿠에이라는 걸출한 정치가의 교육 덕분이다.

다나카 씨에게서 수많은 것들을 배웠지만, 그중에서 지금도 제일 감사하고 있는 것 중 하나가 "발로 직접 뛰는' 선거운동을 해라, 어물쩍 넘기지 마라, 철저하게 유권자와 접해라'라는 가르침이다.

언제나 구체적이고 명쾌한 가르침을 주었던 다나카 씨는 이런 말도 했었다.

"잘 들어, 선거운동은 상류에서부터 해라."

요컨대 선거운동을 할 때에는 먼저 개인 차원의 가구별 방문, 그것도 인구밀도가 낮은 농촌에서부터 시작하라는 말이다. 사람이 모이는 도회지는 나중에 돌아도 된다. 먼저 자기 발로 직접 돌아라. 조직의 지원에 의지해 선거를 해서는 안 된다. 그런 가르침이었다.

바닥 훑기 선거, 즉 유권자의 집을 한 가구씩 도는 것은 무척 고된 일이다. 가급적이면 하고 싶지 않다, 편하게 끝내고 싶다는 생각이 드는 것이 인지상정이다. 그렇기 때문에 후보자들은 자신을 지지해 주는 단체나 조직을 원한다. 그렇게 하면 직접 움직이지 않고도 표심을 얻을 수 있다. 후원 조직이 모아준 청중 앞에서 연설을 하는 것은 기분 좋은 일이다.

하지만 그렇게 편한 것만 찾다가는 유권자들이 등을 돌리고 만다. 선거에 약해진다. 그리고 선거에 약한 정치가는 결국 크게 성공하지 못한다. 다나카 씨는 젊은 후보들과 만날 때마다 입에서 신 내가 날 정도로 그것을 강조했다.

가구별 방문 금지는 민주주의 부정의 논리다

나 역시 기회가 있을 때마다 '선거운동은 상류부터 하라'는 다나카 씨의 가르침을 신인 후보들에게 전수하고 있다. 그리고 "일단 여러 유권자들과 만나게. 두려워하지 말고, 겁내지 말고 유권자들 속으로 뛰어들어. 그것은 필시 자네의 재산이 될 것이네"라고 조언한다.

물론 처음에는 아무도 상대해 주지 않을 것이다. 하지만 그것을 극복하지 않으면 정치가가 될 자격이 없다.

먼저 한 집, 한 집의 문을 두들기며 직접 인사를 해야 한다.

"안녕하십니까, 이번에 선거에 입후보한 XX라고 합니다. 잘 부탁드립니다."

신인 후보다 보니 처음에는 아무도 이야기를 들어주지 않을 것이다. 고작 인사 정도밖에 할 수 없겠지만, 포기하지 말고 계속해야 한다.

도시의 경우, 하루 종일 움직이면 300가구는 돌 수 있다. 한 가구당 3명이라고 하면, 하루에 1000명이다. 인구 10만의 도시에서도 100일, 즉 석 달 정도면 모든 가구를 돌아볼 수 있다.

이와 병행해서 매일, 비 오는 날이든 바람 부는 날이든 아침에 역 앞이나 번화가에서 '가두연설'을 한다. 이러한 것들이 싫다면 정치가가 될 생각은 버려라.

새삼 말할 것도 없지만, 이러한 발로 뛰는 선거구 순회나 가두

연설에는 딱히 돈이 들지 않는다. 들어봤자 교통비와 선거전단 비용 정도다.

세간에서는 '선거에서는 돈을 많이 뿌리는 쪽이 이긴다'고 생각하는 모양이지만, 실은 그렇지 않다. 진정 중요한 것은 유권자들 속으로 뛰어드는 용기이며, 의욕이다. 아무리 넉넉한 자금이 있다 해도, 견실한 선거 활동을 싫어하는 사람은 선거에 약할 수밖에 없다.

이런 '바닥 훑기 선거'야말로 민주주의의 원점이자 진정한 모습이다.

하지만 일본의 공직 선거법에는 선거기간 중의 가구별 방문은 금지되어 있다. 하지만 미국이나 영국에는 이런 법률이 없다. 오히려 입후보자나 운동원이 가구별로 방문하여 후보자의 주장과 정책을 설명하는 것이 당연시되고 있으며, 실제로 가구별 방문도 활발하게 이루어지고 있다.

하지만 일본에서는 '비리의 온상이 된다'는 이유로 가구별 방문이 금지되고 있다. 이것은 본말전도다. 아니, 그뿐 아니라 민주주의 자체를 부정하는 행위다.

선거 비리는 물론 범죄지만, 그건 그것대로 단속하면 될 일이다. 비리가 우려된다고 해서 가구별 방문을 금지하는 것은 민주주의의 정신을 이해하지 못하는 것이다.

한마디 더 하자면, 가구별 방문을 허용하면 비리가 횡행할 것이라는 논리에도 문제가 있다. 그것은 처음부터 '유권자를 매수되는 존재'로 규정하는 발상이며, 국민을 믿지 않는 것이나 마찬가지다. 전통적인 윗분들의 발상이라고밖에 할 말이 없다.

일본의 민주정치를 더욱 발전시키기 위해서도 나는 가구별 방문 규제를 풀어줄 것을 호소한다.

선거에 강해져야만 하는 이유

바닥 훑기든, 조직 의존형이든, 어떤 형태로 모은 표든 간에 귀중한 한 표임에는 틀림없으니, 효율성을 중시해 선거 활동을 하면 되지 않느냐고 생각하는 사람들도 있을 것이다.

'신인 후보라면 국민의 뜻을 알기 위해서라도 발로 뛰는 선거 활동이 필요하지만, 그렇게까지 촌스럽게 움직일 필요가 있는가. 오히려 선거구와 지나치게 밀착되면, 자기 선거구의 이해관계에 얽매이게 되는 것이 아닌가'라고 생각할 수도 있다.

하지만 그것은 완전히 잘못된 해석이다.

오히려 하고 싶은 말을 하고, 자신이 믿고 있는 것을 실행하기 위해서는 선거에 강해져야만 한다. 나는 그렇게 생각한다.

선거에 약한 정치가란 결국 외부 조직에 의지하거나, 혹은 인기에 의지하는 사람이다. 그런 정치가는 항상 '남의 눈'을 의식해야 한다.

'이런 정책을 내놓으면 지원 조직이 떨어져 나가는 게 아닐까.'

'이런 말을 하면 인기가 떨어지고, 부동표를 놓치는 게 아닐까.'

그런 생각을 하기 때문에 저도 모르게 엉거주춤하게 된다. 이런데 어떻게 정치가로서 신념 있는 행동을 할 수 있겠는가.

정치가로서 자신의 뜻을 관철하기 위해서는 먼저 자신을 이해해주는 사람을 한 명이라도 늘려야 한다. 자신의 지지기반을 굳히는 것이 정치가로서 활동하는 데 제일 먼저 해야 할 일이다.

정치가는 혼자만의 힘으로 일하는 것이 아니다. 정치가에게 진정한 힘을 주는 것은 유권자들의 지지다.

나는 '2세 의원'이다

내 선거구는 이와테 4구다. 오슈시(구 미즈자와시, 에시시), 하나마키시, 기타가미시가 중심이 되는 지역인데, 근래 20년 동안 평소에는 물론, 선거기간 중에도 지역구에는 돌아가지 않고 선거를 치르고 있다.

나 역시 선거구로 돌아가 직접 유권자들과 접하고 싶지만, 선거 중에는 평소보다 당의 업무도 많을 뿐더러, 다른 의원들의 응원 유세에도 참여해야 한다. 그래서 내 선거구를 돌고 싶어도 그럴 만한 시간이 없다.

선거구인 이와테 주민들에게는 대단히 죄송하지만, 그래도 매번 당선되는 것은 그때까지 철저하게 선거구 순회를 했던 경력이 있기 때문일 것이다.

내가 처음 출마한 것은 1969년, 27살 때였다. 당시 중의원 의원이었던 부친이 돌아가신 것을 계기로 입후보했다. 요컨대 나는

2세 의원이다.

여기서 아버지에 대해 간략하게 소개하겠다. 아버지 오자와 사에키小沢佐重喜는 1898년(메이지 31) 미즈자와에서 태어났다. 생가는 상당한 전답을 소유하고 있었지만, 엄청난 주당이었던 내 조부 대에 재산을 모두 잃었다. 그 때문에 아버지는 센다이의 대장간에 일꾼으로 보내졌다.

대장간에서 일한 지 몇 년 후, 대장간 주인이 세상을 떠나자 아버지는 미즈자와로 돌아왔다.

조부는 이번에는 아버지를 목수에게 보내려 한 모양이지만, 아버지는 공부에 대한 열정을 버리지 못하고 얼마 되지 않는 돈을 모아 상경하기로 결심했다.

이때 아버지는 곧바로 도쿄로 상경할 생각이었지만, 기찻삯이 부족해 중간에 우쓰노미야에서 내릴 수밖에 없었다. 하지만 이때 만난 친절한 육군 중좌가 아버지를 서생으로 받아들여 준 덕분에 우쓰노미야에서 공부를 하게 된다.

이후 여러 사람들의 도움을 받은 아버지는 25살에 변호사 자격을 취득하지만, 그 후 정치계에 관심을 가지고 27살, 내가 첫 당선되었을 때와 같은 나이에 선거에 출마한다. 처음에는 낙선했지만, 다음 선거에서는 도쿄시회의원[3]이 되었다. 31살이었다. 국회의원이 된 것은 전쟁이 끝난 뒤였다. 자민당에서는 국회대책위

---

3 지금의 도쿄도의회 도의원에 해당.

원장 등의 당직을 역임했고, 강화조약, 안보조약 개정에서도 커다란 역할을 담당했다. 또한 국무대신을 역임한 적도 있다.

하지만 나는 아버지로부터 '정치가 교육'을 받은 적이 없다. 아버지는 바쁜 사람이었기 때문에 거의 이와테의 집에 돌아오지 않았다. 내가 진학을 위해 상경해, 아버지와 함께 살게 된 후로도 마찬가지였다. 아버지로부터 직접 정치가의 마음가짐에 대해 들을 기회는 없었다.

그래서 나도 처음부터 정치가가 되고 싶다고 생각하지는 않았다. 그저 소설과 영화를 좋아하는 평범한 청년이었다. 그러다 서서히 정치에 관심을 가지게 된 것은 수없이 읽었던 역사소설 때문이었다.

그 이야기는 일단 제쳐 두고, 자민당 의원으로 정력적으로 활약하던 아버지가 느닷없이 세상을 떠났다. 사인은 심부전, 향년 69세였다.

나는 그 무렵 게이오대학을 졸업하고 니혼대학의 대학원에 다니고 있었다.

수많은 사람들이 찾은 장례식 회장에서 아버지의 영정을 바라보며 나는 정치가가 되어야겠다고 결심했다.

철저하게 선거구를 돌다

물론 다른 직업과는 달리 정치가인 아버지의 뒤를 잇는 것은 결코 쉬운 일이 아니었다. 먼저 선거를 통과해야만 했다.

아버지가 남겨 주신 후원회가 있었기 때문에, 확실히 다른 초선 후보들보다는 훨씬 혜택 받은 환경에 있었지만, 그것만 믿고서는 한 번은 당선될 수 있어도 다음 번은 어떻게 될지 장담할 수 없었다.

선거구 사람들은 내가 과연 아버지의 후계자로서의 자격을 갖추고 있는지, 국민의 대표로서 국회에 진출하는 데 걸맞은 인물인지 찬찬히 관찰했다.

그래서 나는 철저하게 선거구를 돌기로 했다. 당시에는 중선거구였기 때문에 지금보다 선거구가 훨씬 넓었다. 더구나 이와테는 일본에서 제일 넓은 현이다. 그 광대한 선거구를 다나카 씨의 가르침대로 구석구석 '상류'부터 돌았다.

차를 타고 당시에는 포장도 제대로 되지 않은 길을 달리다가 민가가 보이면 내려서 한 가구씩 방문했다. 인구밀도도 낮기 때문에 하루 평균 100가구를 돌면 그나마 나은 것이었지만, 포기하지 않고 계속했다. 그래서 나는 지금도 지역 주민들보다 이와테 지리를 더 잘 안다고 자부한다.

의원에 따라서는 일반적으로 국회가 열리는 기간 중에도 이른바 '금귀화래'⁴로 주말마다 선거구를 돌기도 하지만, 나는 선거구가 멀기 때문에—지금은 신칸센으로 3시간 정도 걸리지만, 30년

---

4 金帰火来. 금요일에 선거구로 갔다가 다음주 화요일에 도쿄로 돌아온다는 뜻.

전에는 돌아가는 데만 하루가 꼬박 걸렸다. 따라서 선거구에 갈 필요가 생겼을 때에는 대체로 야간열차를 이용했다—개회 중에는 공식적인 업무가 없는 한 지역구로는 돌아가지 않는다.

그 대신 국회가 없을 때는 매년 반드시 지역구로 가서 거의 2개월 동안 매일매일 아침부터 저녁까지 각 가구를 방문하거나, 100개 남짓한 후원회의 지부총회, 소규모 집회 등에 출석하고는 했다.

소규모 집회의 연속

일인당 몇 백 엔의 참가비를 모아 공민관 등의 장소를 빌려 치르는 소규모 집회(대부분은 후원회의 지부총회)에서는, 집회가 끝나면 반드시 무릎을 맞대고 술자리를 가지게 된다.

도호쿠 지방 사람들은 대부분 입이 무거워서 쓸데없는 소리는 하지 않는다. 하지만 그런 사람들도 술이 들어가면 점점 말수가 많아지고, 평소 감춰두었던 속내를 내비친다.

겨우 서른도 되지 않았던 젊은 나는 그곳에서 수도 없이 많은 설교를 들었지만, 그렇게 이야기하는 동안 상대도 점점 '이 녀석은 어리지만 진심이다'라는 것을 알아주었다.

이와테에는 주당들이 많다. 소규모 집회에서는 한 회장에서만 한 말에서 두 말은 거뜬히 마신다. 하루 두세 번은 집회가 열리니, 마시는 양도 그에 비례한다. 하지만 그것을 반복하는 동안 정치에 대한 나의 진심이 지역 주민들에게 인정받았다는 것을 알 수 있었다.

돌이켜 보면, 이런 생활을 15년 가까이 계속해 왔다.

스스로도 열심히 했다고 생각하지만, 이렇게 허물없이 선거구 주민들과 얼굴을 맞대고 이야기함으로써 정계에서도 하고 싶은 말을 하고, 하고 싶은 대로 행동할 수 있는 것이라고 생각한다.

내가 자민당을 탈당했을 때도, 그 후에 신당을 창당했을 때도 나는 사전에 후원회 사람들과 상의한 적이 한 번도 없다.

모두 사후 보고였음에도 그들이 계속 나를 지지해 주는 것은 역시 젊었을 적에 철저하게 지역구를 돌면서 오자와 이치로라는 인간을, 그리고 내 정치 신념과 신조를 알렸던 덕분이라고 생각한다.

왜 일본 언론은 선거를 믿지 않는가

앞서 언급했던 '바닥 훑기 선거'도 그렇지만, 일본 언론은 정치를 왜소화하여 흡사 '더러운 것'처럼 다루는 경향이 있다. 그들은 항상 '선거 때마다 정치가는 유권자에게 거짓말을 하고, 유권자를 잘 달래 지역 이권을 약속하며 당선되고 있다'라고 보도한다.

하지만 그런 식으로 선거에서 이길 수 있다면, 그것은 일본인의 국민성이 낮기 때문이다. 요컨대 언론은 자신을 높은 곳에 두고, 일본 국민 전체를 바보로 취급하는 것이다.

물론 그런 방법으로 선거에서 승리하려는 후보자도 있을 것이다. 하지만 지향하는 바가 낮은 그런 후보는 설령 한 번이나 두 번은 당선되어도, 그 이상은 어렵다. 거짓말을 하고 얼버무리려 들면 다 들키게 되어 있다.

또한 지역에 이권을 유치했다고 해도, 그것으로 이득을 보는 것은 일부 사람들뿐이기 때문에 대다수 사람들의 지지를 얻을 수는 없다. 진정한 정치가란 단순히 자신의 선거구뿐만 아니라, 국민 전체의 이익을 생각해야 한다. 따라서 나는 그런 자세를 항상 유지하는 것이 진정한 지지자를 만드는 것으로 이어진다고 생각한다.

농산물을 포함한 무역자유화를 주장해온 이유

도시와 지방이라는 이분법적인 구도로 따지자면, 나는 지방 출신 의원이고 대다수의 지지자들은 농업관계자들이다. 하지만 나는 자유경제, 시장개방이란 관점에서 상대가 진정 자유로운 무역을 원한다면 농산물 수입도 자유화해야 한다고 예전부터 당당하게 주장해왔다. 무역자유화로 일본이 얻을 수 있는 이익은 그에 의해 산출되는 손실을 훨씬 웃돌기 때문이다.

덕분에 농협이나 농수산성에서는 나를 눈엣가시처럼 여기지만, 지지율은 전혀 떨어지지 않았다.

왜냐하면 '왜 지금 일본이 그렇게 해야만 하는가'라는 이유를 정직하고 분명하게 설명했기 때문이다.

식량 정책적인 관점에서 보자면, 현재 일본의 식량 자급률은 겨우 40퍼센트밖에 되지 않는다. 같은 섬나라인 영국조차 자급률이 75퍼센트 가까이 되니, 일본의 40퍼센트라는 수치가 얼마나 심각한 수치인지 알 수 있을 것이다.

하지만 그렇다고 해서 농협이나 농수성이 주장하는 대로, 예전처럼 수입 농산물을 배제해 국내 농업을 보호하면 문제가 해결될까? 그것은 본말이 전도된 논의다.

먼저 첫째로 잊어서는 안 될 것이 있다. 일본 농산물의 양은 제쳐두고라도, 질적으로 세계 최고 수준이란 사실이다. 경제적으로 풍요로워진 일본 소비자들의 입맛이 까다로워졌고, 식품 안전에 대한 의식도 높기 때문이다. 따라서 가격이 저렴한 수입 농산물이 들어와도 시장을 독점하지는 못할 것이다.

그렇기 때문에 나는 '자신들이 재배하는 것에 더 자신을 가져라', '관세가 철폐되고, 농산물 수입이 자유화되어도 제대로 된 대책을 세우면 일본 농업은 문제없다'라고 항상 주장한다.

실제로 내가 말한 대로 되었다.

당초에는 외국의 값싼 고기와 채소, 과일 등이 봇물처럼 수입되었지만, 그 후에 잔류 농약 문제 등이 밝혀지며 일본의 소비자들은 '역시 안심하고 먹을 수 있는 것은 국산 농산물이다'라고 생각하게 되었다. 광우병 문제로 소고기에 대한 인식 역시 마찬가지다.

확실히 세계적으로 보자면 일본 농산물은 비쌀지도 모르지만, 그만큼 품질이 좋고 안전하기 때문에 가격은 결코 마이너스가 되지 않는다. 최근에는 중국, 동남아시아 등에서도 일본산 채소, 과일 등이 고소득층에게 인기를 얻고 있다고 한다. 일본 농업이 국제경쟁력이 없다는 말은 반드시 옳다고만 할 수는 없다.

왜 관료의 말대로 되는 정치가가 많은 것인가?

내가 이런 주장을 당당하게 할 수 있는 것은 바로 스스로 농촌을 돌며 일본 농업의 실태를 몸으로 알고 있기 때문이다.

설령 모든 농산물 수입을 자유화한다 해도, 제대로 된 대책을 세우면 일본 농가가 곤경에 빠지지 않을 것이다. 곤란해지는 것은 기득권을 잃는 농협과 농수산성뿐이다. 실상 그 사실을 제일 잘 아는 것은 농업에 종사하는 사람들 자신이다. 이들은 자신이 재배한 농작물에 자부심을 가지고 있다.

그렇기 때문에 내가 선거에서 무역자유화를 외쳐도, 유권자들은 모두 이해해 준다.

하지만 많은 정치가들은 필요 이상으로 농협과 농수산성의 반발을 두려워하기 때문에 진실을 말하지 않는다. 말로 얼버무리며 어떻게든 빠져 나가려 한다. 왜냐하면 결국 유권자들과 제대로 마주하지 않기 때문이다.

평소부터 국민과 대화를 계속해 왔다면 그 때문에 지지자들이 떨어져 나갈 리 없다는 확신을 가질 수 있을 텐데, 발로 뛰는 선거를 하지 않는 정치가들은 언론에 휘둘려 관료의 정보 조작에 놀아난다.

계속 반복해서 하는 말이지만, 선거는 민주주의의 근간이다.

선거 활동에서 땀을 흘리지 않고 편하게 이기려 하면, 그 대가는 정치가 자신에게 부메랑처럼 돌아온다. 정치가를 키우는 것은 선거이자 유권자들이다.

대규모 농가를 우대하는 어리석은 농수산성

농업 이야기가 나왔으니 이 주제에 대해서도 조금 다루려 한다.

앞서 이야기한 것처럼, 일본의 식량 자급률은 다른 선진국에 비해 너무 낮다. 프랑스처럼 100퍼센트를 뛰어넘을 정도까지는 가지 못하더라도, 적어도 독일이나 영국 정도의 자급률을 목표로 삼는 것은 앞으로의 커다란 과제 중 하나다.

이 부분에서 중요한 것은 '어떻게 일본 농업 생산을 진흥시켜야 하는가'라는 문제다.

이 문제에 관해 최근 농수성이 열심히 주장하는 것은 농가에 대한 '직접 지급'이라는 방법이다.

지금껏 일본 정부는 다양한 형태로 농업에 대해 보조금을 지급했다.

그 상징이라 할 수 있는 것이 구 식관법으로, 일본 국내에서 생산된 쌀을 모두 국가가 매수하는 통제 경제적인 행위로, 쌀 생산

농가를 엄중히 보호해 왔다.

하지만 최근의 경제자유화, 시장개방의 흐름 속에서 이러한 가격 조작은 세계적 관점에서 허용되지 않게 되었다.

그래서 최근에 농수성이 제안하는 것이 개별 농가에 대해 직접 보조금을 지급해 농업 경제를 살리는 방법이다. 이것이 이른바 '직접 지급'으로, 이 방법을 사용하면 농산품 가격을 조작하는 일은 할 수 없다고 주장하고 있다.

하지만 내 생각으로는 정부(농수산성)가 생각하는 방식은 백해무익한 정책이다.

왜냐면 농수성이 생각하는 직접 지급의 대상은 일정 규모 이상의 농지를 가진 농가, 즉 대규모 경영 농가에만 보조금을 지급하려는 것이기 때문이다.

일본 농업의 생산성을 높이기 위해 영세농가를 내치고, 점점 농업 경영의 대규모화, 법인화를 진행하겠다는 것이 농수성의 속마음이다.

이런 방식으로는 이전의 대지주제 부활로 이어지는 동시에 지역 사회 붕괴의 발단을 제공하기 때문에 절대로 받아들일 수 없다. 그야말로 망국의 정책이다.

왜 '부족분 지급제'인가

일본 농업은 서양 국가들과는 달리 대다수를 겸업농가가 차지하고 있으며 경지 면적도 적다. 하지만 영세농가라고 해서 농산물의 질이 떨어지는 것은 아니다. 오히려 그 반대다.

앞서 이야기한 것처럼, 일본 농산물은 세계적으로도 최고 수준의 품질을 자랑한다. 그것은 농수산성이 말하는 영세농업인들이 열심히 연구하고 노력한 결과다. 농수성이 주장하는 대규모 경영 농가를 대상으로 하는 직접 지급 방식은 그러한 현장의 모습을 모르는 관료들의 '글짓기'에 불과하다.

이러한 이유로 나는 '부족분 지급제不足払い'를 제창한다.

이것은 정부가 주요 농산물의 생산 원가를 계산하여 시장가격이 생산가격을 밑돌 경우, 그 부족분을 모든 농가에게 지급하는 방식이다.

이 방식을 채택하면 시장가격 자체를 조작하지 않으니 소비자들이 저렴한 농산물을 선택할 기회가 보장된다. 자유경제의 원리를 훼손하는 것도 아니고, 영세농가도 보호할 수 있다.

만일 시장가격이 대폭 하락하여 생산가격을 밑돌게 될 경우, 그 부족분만큼을 나라가 보상해 주는 것이니, 농업 종사자들은 안심하고 생산에 힘쓸 수 있다.

물론 시장에서 생산 원가를 웃도는 가격이 매겨지면 그것대로 이득을 얻게 되니 농업 종사자들의 의욕을 깎을 일도 없다.

예전의 농업행정에서는 보조금을 쏟아 부었고, 그럼으로로써 오히려 생산 의욕을 저하시켰다. 일본의 식량 자급률 저하의 근본적인 원인은 여기에 있다고 할 수 있을 것이다.

일본의 식량 자급률을 높이고, 앞으로도 안전하고 품질 좋은 농산물을 공급하기 위해서는 역시 현장의 '의욕'이 제일 중요하다.

일본 농업 관계자들에게 더욱 기운을 북돋아주기 위해서라도, 나는 이 부족분 지급제야말로 제일 좋은 해결책이라 생각한다.

민주주의의 비용

다시 본론으로 돌아가자.

당선자가 한 명밖에 없는 소선거구제에서는 중선거구제 때보다 의원들이 더욱 지역 밀착형이 되기 때문에, 국가 전체를 생각하기보다는 지역 이익 유도를 우선하는 게 아니냐고 말하는 사람들이 있다.

하지만 이건 큰 착각이다.

그 증거로 영국 하원은 단순 소선거구제를 채택하고 있지만, 하원의원은 모두 646명(2005년 현재)이다.

영국 인구는 약 6000만 명이니, 인구 10만 명당 1인의 하원의원이 있는 셈이 된다. 일본은 소선거구제로 선출되는 중의원 의원이 300명이고 인구는 1억 2000만이니, 의원 한 명당 인구는 40만 명이다.

요컨대 숫자만 놓고 따지자면 영국이 일본보다 4배나 지역 밀착형이어야 하지만, 물론 실태는 그렇지 않다.

10만 명의 대표로서 선출된 의원 중에서 처칠, 대처, 블레어가 탄생한 셈이다. 내가 볼 때 작은 선거구에서 시야가 좁은 정치인이 탄생한다는 말은 엉터리 미신이다.

영국의 경우에는 보수당이든 노동당이든 후보자 선거구를 사실상 모두 당 수뇌부가 정하는 시스템을 채택하고 있다.

조금 더 정확히 말하자면, 먼저 당이 한 선거구에 대해 몇 명의 후보를 제시하고, 그 후보 중에서 누구를 선택할지는 지역 당 조직이 지명하게 되어 있다. 어찌 되었든 일본인의 시각으로 보자면 낙하산 후보라고 할 수 있을 것이다.

하지만 낙하산 후보라고 해서 그들이 일상의 선거 활동을 경시하지는 않는다. 앞서 이야기했던 것처럼, 영국에서는 가구별 방문이 허용되기 때문에 누구나 유권자의 집을 한 가구씩 돌아보는 견실한 선거 활동을 펼치고 있다.

예전에 영국을 방문해 영국 외무대신(각외대신)과 회담을 가졌을 때의 일이다. 마침 회담 당일은 월요일이었다. 그 외무대신이 지난주에 중동 지역을 순회했던 사실을 알고 있던 나는 중동에서 돌아온 지 얼마 되지 않아 피곤하지 않느냐고 물었다.

"아닙니다. 금요일에 귀국해서 바로 선거구로 돌아가 주말에 선거 활동을 했습니다. 그쪽이 더 피곤하더군요."

외무대신은 그렇게 대답했다.

내가 위로의 말을 건넸을 때 되돌아왔던 상대의 말을 지금도 선명하게 기억하고 있다.

"아니요, 이건 민주주의의 비용이니까요."

설령 격무에 시달린다 해도, 유권자들과 소통하는 것은 민주주의 체제의 정치가로서 당연한 의무다. 역시 민주주의 발상지인 영국인다운 대답이었다.

국민 수준 이상의 정치가는 나타나지 않는다

물론 영국도 처음부터 민주주의 제도가 완성되었던 건 아니다.

영국 정치사를 살펴보면 알겠지만, 영국에서도 선거 비리와 향응 제공이 공공연하게 이루어지던 시대가 있었다. 하지만 그것을 극복하고 현재 영국 의회 민주주의가 확립했다. 정치가 자신의 노력도 있었겠지만, 역시 제일 큰 요인은 유권자, 즉 국민의 소양일 것이다.

흔히 하는 말이지만, 국민 수준 이상의 정치가는 나타나지 않는다.

유권자가 정치가에게 지역 이익 유도나 값싼 대가만을 기대한다면, 그 수준의 정치가를 선택할 것이다. 하지만 그렇게 단기적인 손익득실만으로 국회의원을 선택한다면, 최후에 손해를 보는 것은 바로 국민 자신이다. 영국 국민은 오랜 민주주의 역사 속에서 그 사실을 배웠던 것이 아닐까.

현대 일본은 어떠한가.

유감스럽게도 아직 일본은 진정한 의미의 민주주의가 성숙된 사회라고는 할 수 없는 상태다.

지명도가 높은, 이른바 '탤런트 후보'가 여야당을 가리지 않고 아직도 지지를 얻고 있는 것을 보면 그러한 사실을 알 수 있다.

물론 연예인이나 유명인이 정치가가 되어서는 안 된다는 말이 아니다. 탤런트 후보 중에서도 견실한 선거 활동을 펼치는 사람이 있다. 그들 중에는 어설픈 정치가보다 더 훌륭한 사람도 많다. 하지만 실상은 어떤가. 텔레비전 카메라 앞에서 퍼포먼스 식의 선거운동을 펼치기만 하고, 그 밖에는 아무 것도 하지 않는 후보가 당선된다.

물론 생각 없이 이런 탤런트 후보를 지원하는 정당도 문제지만, 더욱 문제는 정책 내용이 아니라 이미지로 한 표를 던지는 일본인의 낮은 선거 의식이다.

만일 일본 정치가 빈곤하다면, 그 책임은 다른 누구도 아닌 국민 자신에게 있다. 나는 그렇게 말하고 싶다.

기권하는 것은 백지 위임장을 제출하는 것이나 마찬가지다

새삼 말할 필요도 없지만, 민주주의에서 선거란 주권자인 국민이 자신의 권한을 행사하는 장이다.

일본 국민 한 사람 한 사람은 국정의 최종적이자 최고 권한, 즉 주권을 가지고 있다. 물론 일본은 스위스 같은 직접 민주주의 국가가 아니기 때문에 그 권리를 직접적으로 행사할 수는 없다.

그래서 투표라는 형태로 정치가에게 권리를 위임한다. 그것이 선거다.

하지만 일본인들은 그런 선거의 중요성을 얼마나 실감하고 있을까.

최근 일본의 투표율은 점점 하락하고 있다. 국정 선거 투표율은 대략 50~60퍼센트밖에 되지 않는다.

즉, 국민 2명 중 1명이 자신의 권리를 포기하는 것이다. 다소 거칠게 말하면, 투표를 하지 않는 사람들에게는 정치를 비판할 자격이 없다. 기권이란 백지 위임장을 제출하는 것이나 마찬가지다. 요컨대 '나는 정치가 어떻게 돌아가도 불만이 없습니다'라고 하는 것이다.

만일 조금이라도 정치에 대해 의견을 가지고 있다면, 무엇보다도 역시 선거에 참여해야 한다.

이렇게 말하면 현재 후보자들 중에 표를 던지고 싶은 사람이 없다고 반론하는 사람이 나올지 모른다.

하지만 그것은 이유가 되지 않는다.

좋은 후보와 그렇지 않은 후보를 선택하는 것은 모름지기 상대적인 문제다. 우리는 모두 신이 아니기 때문에 불완전하다.

그래도 도저히 납득할 수 없다면 스스로 입후보하든지, 자신의 뜻과 일치하는 사람을 찾아내 응원하는 수밖에 없다.

물론 당신이 던진 한 표로 정국이 바뀌는 것은 아니다. 하지만 아무 것도 하지 않는 사람은 무언가를 요구할 자격도 없다. 모든 국민들이 그 준엄한 사실을 이해했으면 한다.

민주주의를 지탱하는 것이 선거이기 때문에, 투표를 법제도로 의무화하는 국가도 있다.

예를 들어 호주에서는 투표를 기권할 경우, 소액이긴 하지만 벌금이 부과된다. 벨기에의 경우에는 투표소에 가지 않은 사람은 법원에 출석해야 한다. 일본에도 이와 비슷한 제도를 도입해야 하느냐 하는 문제는 차치하고서라도, 이러한 시책은 투표율이 낮아지면 민주주의 자체가 유지될 수 없다는 의식에서 비롯된 것이라는 점은 자명한 사실이다.

구소련의 경우처럼 투표율이 거의 100퍼센트에 달하는 것도 이상하지만, 역시 지금 일본의 투표율은 너무 낮다.

선거란 국민 자신이 미래를 선택하기 위한 것이다. 진정한 위기가 시작된 후에는 황급히 투표를 한다 해도 이미 늦다. '좋은 정치가를 키우는 것은 국민 자신이다'라는 사실을 강조하며 이 장을 마무리 짓겠다.

정치가 부재하는 나라, 일본

백성의 부뚜막

정치란 무엇인가. 정치가란 무엇인가.

그에 대한 답은 수없이 많을 것이다.

법률을 제정한다, 국가 예산을 편성한다, 외교를 통해 국익을 창출한다, 나아가서는 국제 평화를 실현한다 등 정치가가 해야 할 일은 무수히 많지만, 나는 정치의 사명, 역할을 다음 닌토쿠 천황[1]의 이야기에서 찾을 수 있다고 생각한다.

『일본서기』에 닌토쿠 천황의 일화로 다음과 같은 이야기가 소개되어 있는 것을 아시는 분도 많을 것이다.

어느 날, 황거의 전각에 올라 사방을 둘러보던 닌토쿠 천황은 인가에서 연기가 전혀 피어오르지 않는 것을 발견했다. 이것은

---

1 仁德天皇. 일본 제16대 천황으로 재위기간은 서기 313년에서 399년까지다.

필시 백성들이 부뚜막에서 밥을 짓지 못할 정도로 궁핍한 생활을 하고 있기 때문이라고 생각한 천황은 그로부터 3년 동안 조세를 감면해 주었다.

조세를 감면했기 때문에 조정의 수입은 사라졌고, 그 때문에 황거가 낡아 여기저기서 비가 샐 정도였다.

하지만 그런 노력 덕분에 3년 후에는 온 나라에서 밥 짓는 연기가 피어오르게 되었다.

이때 읊었던 시가 바로, "높은 곳에 오르니 연기가 피어오르네. 백성의 부뚜막이 활짝 폈구나"라는 시다.

높은 전각 위에서 이곳저곳을 둘러보며 민가의 부뚜막에서 연기가 피어오르는 광경을 확인하고 천황은 황거에서 이렇게 말했다.

"짐은 풍족하다. 더 이상 근심이 없다."

"황거가 이렇게 낡아 수리할 비용도 없는데 어째서 풍족하다 하십니까. 뿐만 아니라 지금 듣자 하니 앞으로 3년 간 다시 조세를 감면하겠다고 하시지 않았습니까."

신하들이 되묻자 닌토쿠 천황은 이렇게 대답했다.

"천황의 지위란 본디 백성을 위해 만들어진 것이다. 그러니 백성이 궁핍다면 나도 궁핍하고, 백성이 풍족하면 짐도 풍족하다."

정치란 생활이다

'천황이란 본디 백성을 위해 만들어진 것.'

나는 닌토쿠 천황의 이 말에 정치의 본질이 감춰져 있다고 생각한다.

모두가 행복한 생활을 풍요롭고 평온하게 영위하기 위해 무엇을 해야 하는가. 그것을 생각하는 것이 정치, 정치가의 역할 그 이상도 그 이하도 아니다.

물론 현대 사회는 닌토쿠 천황 시대와는 비교할 수 없을 만큼 복잡해지고 있다. 고대에는 없었던 국제정치 문제도 존재하고, 국제경제 문제, 지구환경 문제까지 정치의 대상이다.

하지만 대담하게 말하자면, 그런 문제는 곁가지라 할 수 있다. 가장 먼저 생각해야 하는 것은 '어떻게 하면 모두가 풍족하고 행복하게, 그리고 안전하게 살 수 있도록 하는가'라는 문제다.

나는 이것이야말로 정치의 알파이자 오메가라 생각한다.

외교나 환경 문제 등 복잡하고 어려운 문제들도 이것에 원점을 두고 생각하지 않으면 어떤 고론탁설이나 이상론도 아무 의미가 없다. 아무리 세상이 평화로워지고, 지구환경이 보호된다 해도 그 안에서 살아가는 사람들이 풍족하고 안전하게 살아갈 수 없다면 그 정치는 실패한 정치다.

세상에는 난해하고 추상적인 논의를 해야 한다고 생각하는 풍조가 있다.

학문의 경우에는 그렇게 해도 되는지 모르지만, 정치는 그래서는 안 된다.

정치는 어디까지나 사람들의 생활에 밀접하게 연결되어 있기 때문에 구체적이어야만 한다.

아무리 훌륭한 소리를 하고, 그것을 실행한다 해도 가장 중요한 국민이 불행한 생활을 한다면, 그것은 올바른 정치라고 할 수 없다. 나는 그렇게 생각한다.

일본의 미래는 없다

자, 오늘의 일본 정치를 이 관점에서 보면 어떨까.

무려 5년이나 집권했던 고이즈미 내각은 무엇을 남겼는가.

고이즈미 정권 아래서 일본은 '격차'가 눈에 띄는 사회로 바뀌었다.

먼저 도쿄 등의 대도시와 지방의 격차가 점점 커지고 있다. 팽창된 도시부에 비해 피폐해진 지방 경제 상황을 보노라면 눈을 돌리고 싶을 정도다. 이러한 현상은 소득뿐 아니라 교육이나 문화 등 다양한 분야로 파급되고 있다.

기업 또한 마찬가지다. 도요타 등의 세계적인 기업도 존재하지만, 대다수의 일본 기업은 어려운 경영 환경 속에서 고통 받고 있다.

또한 연공서열제도나 종신고용제도 등 노동자의 안전망 역할을 하던 '일본식 경영 원리'가 부정당한 결과, 일본의 월급생활자들은 성실하게 일하면 보답을 받는다는 보증을 잃어버렸다. 한편으로 IT기업의 벤처 경영자들은 2, 30대에 거액의 창업자 이윤을 얻고 있다.

인재의 격차도 있다. 세계적으로 활약하는 우수한 인재가 있기도 하지만, 일본인의 도덕성 저하는 더 이상 방치할 수 없는 수준까지 왔다. 부모가 자식을 죽이고, 자식이 부모를 죽이는 패륜 사건은 이제 일상다반사다. 어린 아이들을 노린 유괴살인 사건이 연이어 일어나는 것을 보면 진심으로 분노를 느낀다.

일본은 왜 이러한 사회로 변했는가.

그 근원에는 고이즈미 수상의 '강자의 논리'에 의한 국가 운영이 있다.

물론 자유경쟁은 인간에게 둘도 없는 가치이자 원칙이다. 노력한 자가 보답을 받지 못한다면 사회는 활력을 잃을 것이고, 미래에 대한 희망을 가지는 것도 불가능하다. 또한 경쟁이 없는 사회는 진보도 발전도 없다.

하지만 대다수의 사람들에 의해 구성된 국가를 운영하기 위해서는 일정 한도의 안정된 생활을 보장하는 안전망 확충도 반드시 필요하며, 그에 대해 생각하는 것이 정치의 중요한 역할이 아닐까.

하지만 실제로 이루어진 '고이즈미 개혁'의 실태를 살펴보면 개호보험료 인상을 필두로 후생연금, 공제연금 보험료 인상, 고용보험료 인하, 노인의료비 본인부담 인상, 월급생활자의 의료비

30퍼센트 부담, 발포주, 와인 증세, 담배 증세, 소득세 감세 폐지, 배우자 특별공제 폐지 등 국민, 특히 사회적 약자의 부담을 증가시키는 정책들뿐이다.

반면, 누진과세 완화나 금융소득 감세 등 부유층이나 대기업을 우대하는 경제정책은 착실히 진행되고 있다.

요컨대 고이즈미 정치란 시장원리, 자유경쟁이라는 명분하에서 안전망에 대한 아무런 대책도 세우지 않은 채 일부 부유층만을 우대하고 대다수의 서민들에게 부담을 지우는 정책에 지나지 않는다. 닌토쿠 천황이 이상으로 삼았던 '선정'과는 딴판이라 할 수 있다.

결국 현재 자민당이 하려는 일은 국민 부재의 정치이고, 그런 정치는 내 눈에는 '정치'라 부르기에도 합당치 않다. 그 안에는 이념도 없을 뿐더러, 확고한 신념도 없다. 개혁이란 이름을 빌린 퍼포먼스에 지나지 않는다.

고이즈미가 집권한 지난 5년은 '정치 부재의 5년'이었다.

하지만 고이즈미 수상 이전에 '정치'가 있었는가 하면, 그렇다고도 할 수 없다. 실상 전후 일본은 계속 정치 부재라고 해야 하는 상황에 처해 있었다. 그것에 모든 문제가 있다고 해도 과언은 아니다.

'부의 재분배'로 일관한 전후 일본

'전후 일본에는 정치가 없었다'라고 쓰면 독자들 가운데에는 놀랄

분들도 있으실 것이다. 하지만 이것은 사실이다.

잘 알고 있겠지만, 전후 일본은 헌법 제9조에 의해 전쟁을 포기하고 자국의 방위를 모두 미국에 의존해 왔다. 이른바 미일안전보장체제다.

이 '미국의 우산' 덕분에 일본은 외교도 방위도 생각하지 않고 경제 부흥에 전력을 기울여 기적이라 일컬어지는 경제 부흥을 달성할 수 있었고, 그 결과 모두 풍족하게 생활할 수 있었다.

어제보다 오늘이, 오늘보다 내일이 살기 좋아지는 고도성장기에는 정치가 나설 자리가 별로 없었다. 경기가 좋을 때나 평화로울 때는 정치가가 오히려 아무 것도 하지 않는 편이 좋다.

이것은 분명한 사실이지만, 이 시대의 일본에서 정치는 대체 무엇을 해 왔을까?

정치의 역할은 고도성장에서 만들어낸 부를 어떻게 공평하게 배분할 것인지에 그쳤다.

예를 들자면 공업 생산이나 수출에서 벌어들인 돈을 세금으로 거두어 농업 보조금으로 분배한다. 혹은 고속도로 등의 건설에 사용한다. 더욱 나아가서는 지방교부세란 명목으로 지방자치체를 지원한다.

이러한 '부의 재분배'를 구상하는 것이 전후 정치의 유일한 임무였다 해도 과언은 아닐 것이다. 또한 그것만으로도 만사형통했던 좋은 시대였다.

물론 이러한 부의 재분배가 전후 일본의 부흥에 중요한 의미를 가지는 점은 부정하지 않겠다. 고도경제성장이라고는 해도, 모두가 동일하게 풍족해질 수는 없다. 웃는 사람이 있으면 한편에서는 우는 사람도 있는 것이 현실이다.

그렇기 때문에 그런 사람들을 위해 고도성장으로 얻은 부를 국가가 재분배하는 것은 이 시대의 요청이기도 했다. 농업 부문에 대한 막대한 보조금, 지방자치체에 대한 교부세 등 다양한 형태로 전국에 '고도성장의 배당'이 이루어졌다.

하지만 아무리 우수한 제도라 해도 인간이 만든 것인 이상 반드시 결점이 존재한다. 이 경우 역시 예외는 아니다.

정치가 부재하는 시대

전후 정치가 이러한 '부의 재분배'로 일관한 결과, 일본은 정치와 리더가 부재하는 국가가 되었다.

왜냐하면 부의 재분배에서 제일 중요한 것은 국민들이 납득하고 만족할 수 있는 답을 찾기 위한 '주의'와 '배려'지, 집단의 정점에 서서 사람들을 이끄는 리더십이 아니기 때문이다.

전후 일본에서 '뛰어난 정치가'의 조건이란 다양한 이해관계를 능숙하게 조절하여 이야기의 '누락된 부분'을 발견할 수 있는 균형 감각이었다. 반대로 자신의 신념을 굽히지 않고, 설령 반대하는 사람이 있어도 자신의 주장을 당당하게 관철하려는 사람은 정계, 관계, 재계에서 이단아 취급을 받았다. 그것이 전후 일본의 풍경이었다.

애초에 일본은 전통적으로 '컨센서스 사회'의 풍토를 가지고 있다.

컨센서스 사회란, 명칭 그대로 무슨 일을 결정할 때마다 구성원의 전원 일치를 지향하는 사회를 뜻한다.

'조화를 귀히 여겨야 한다'는 쇼토쿠 태자의 말에도 나타나듯, 무슨 일을 하든지 참가하는 이들이 합의한 뒤에 그 일에 착수하는 것이 올바른 형태로 여겨져 왔다.

설령 올바른 일이라 해도, 반대하는 사람이 적다고 해도, 반대를 무릅쓰고 결정을 내리는 유형의 지도자는 '인덕이 없다'는 비판을 받으며 지지를 얻지 못한다. 그것이 일본 사회의 전통이다.

전후 일본의 정치는 그야말로 이러한 컨센서스 사회의 정신으로 이루어져 왔다.

부의 재분배를 진행할 때에도, 누구도 불만이 없도록 능숙하게 사전 합의나 담합을 거듭해 보조금 액수를 정한다. 그것이 '좋은 정치'라고 여겨져 왔다.

하지만 이러한 형태의 '정치'가 오랫동안 계속된 결과 무슨 일이 일어났는가.

일본 정계에서는 진정한 정치가가 사라졌다. 자신의 신념을 가지고 자신의 머리로 결단을 내리고 행동하는 정치가가 나타나지 않게 되었다.

왜냐면 이러한 '부의 재분배' 권한은 관료가 쥐고 있고, 이러한 실무는 본디 정치가보다 관료의 전문 분야기 때문이다.

막대한 통계 데이터를 처리해 어디에 얼마만큼의 보조금을 지급하는 것이 '적정'한지 판단하는, 그러한 일을 관료보다 더 잘 하는 사람은 없다. 일본의 관료 조직은 일본열도의 구석구석에 이르는 행정 네트워크를 가지고 있고, 그 네트워크를 통해 올라오 는 무수한 정보를 쥐고 있기 때문이다. 그래서 정치적인 실무는 관료에게 맡기는 편이 마음을 놓을 수 있다는 풍조가 생겨나게 되었다.

이리하여 일본의 내정은 완전히 관료의 손아귀 안에서 돌아가 게 되었다.

외교 부문을 살펴보자. 미일안보체제 아래에서 동맹국인 미 국에 따르는 것이 일본의 방침이었기 때문에 외교에 관해서도 일 본 정치가들은 스스로 결단, 행동하여 책임을 질 필요가 없었다.

이러니 리더십을 가진 정치가가 나타날 리 없다.

수면 아래에서 연계플레이 하는 자민당과 사회당

미리 말해 두지만, 이것은 여당인 자민당에만 해당되는 이야기가 아니다.

흔히들 '전후 일본 정치는 자민당과 사회당의 대립의 역사였 다'고 표현하지만, 그것은 커다란 오산, 아니 거짓말이다.

분명히 표면상으로는 자민당과 사회당이 정책면에서 항상 대립하는 것처럼 보였고, 그렇게 행동하기도 했다. 하지만 그것은 어디까지나 그런 척한 것일 뿐, 수면 아래에서는 연계플레이를 하고 있었다.

국회에서 사회복지에 관련된 조성금 예산을 결정할 때에도, 사회당은 표면상으로는 자민당에 반대한다. 하지만 그것은 자민당의 정책 자체를 부정하는 것이 아니라, 요컨대 '분배가 잘못되었다'고 말하는 것에 지나지 않는다. 노골적으로 말하자면, 사회당을 지원하는 단체나 집단에도 자금을 분배하라는 제스처인 것이다.

이 때문에 이루어지고 있는 것이 이른바 '국대 정치'로, 자민당과 사회당 양당의 국회대책위원회가 요정 등에서 은밀히 담합한 뒤 '계약'을 한다. 요컨대 사회당의 말을 어느 정도 수용하여 양쪽의 체면을 세우는 예산안을 통과시키기로 합의하는 것이다.

민주주의 정치란 본디 국회에서의 당당한 논쟁에 의해 이루어지는 것이다. 그런데 일본 정치에서는 그러한 정책 논쟁은 형식에 불과할 뿐, 모든 것은 자민과 사회의 '담합'에 의해 결정되어 왔다.

정책 논쟁 부재가 일본을 못 쓰게 만들었다

그 증거로 자민당과 사회당 사이에는 표면상으로는 대립해도, 진정으로 어려운 정치적 문제는 터부시하며 논의하지 않는, 혹은 아무도 불만을 제기하지 않는 '애매모호한 해결'[2]을 통해 문제를 뒤로 미루는 암묵적 합의 관행이 생겨났다.

국가의 기본 문제인 헌법에 있어서도, 또한 전후 일본에서 헌법과 불가분한 관계에 있는 국가의 방위, 안전보장 문제도, 혹은 교육 등 정치가 정면으로 다루어야 하는 기본 정책에 대해서도 논의가 되지 않았다.

제1 야당인 사회당이 모두 반대하기 때문에 제대로 해결되지 않는다는 인식이 퍼져 있지만, 사실은 자민당 자체에서 경제성장에만 주력하고 이러한 어려운 문제는 피해 왔기 때문이다.

즉, 자민당과 사회당 양당 모두 겉보기와는 달리 완벽히 같은 생각을 가지고 있는 것이다.

따라서 현실에서는 결코 그러한 진지한 정책 논쟁이 이루어지는 법 없이, '정치 부재'가 계속되어 온 것이다.

1994년, 자민·사회·사키카케 3당의 연립정권이 탄생해 무라야마 도미이치村山富市 사회당 당수가 수상으로 취임했을 때, 세상 사람들은 깜짝 놀라했다. 적이었던 자민당과 사회당이 손을 잡았을 뿐만 아니라 사회당의 당수가 수상이 되었으니, 경천동지할 사건이라 생각한 것이다.

하지만 그리 놀랄 일도 아니다.

왜냐면 자민당과 사회당은 표면적으로 내세운 주장은 달라

---

2 원문은 '玉虫色の解決'. 玉虫은 비단벌레를 가르킴. 玉虫色은 빛의 강도에 따라 색깔이 바뀐다는 뜻으로, 애매모호하다는 의미로 쓰임.

도, 실은 본질이 비슷한 친구 사이였기 때문에 사회당과 연립정권을 만들어 사회당의 당수를 총리로 추대해도 자민당은 전혀 곤란할 것이 없다. 오히려 다른 여당과 손을 잡는 것보다 훨씬 마음이 놓였을 것이다. 그것이 당시 자민당 수뇌부의 속내였으리라.

'요시다 독트린'의 공죄

앞에서도 이야기했듯, 국민들이 풍족하고 안전하게 생활하는 동안에는 정치가 나설 자리가 그다지 없다. 그런 시각에서 보자면 시종일관 이익 배분에만 전념했던 전후 정치는 시대에 부응한 정치였다고 할 수 있을 것이다.

하지만 그런 행복한 시대는 언제까지고 계속되지 않는다.

그 직접적인 계기가 된 것은 미소 냉전의 종결이었다.

소련이 붕괴하고 자유주의 진영이 승리하면서 일본의 '공산주의의 방파제'로서의 역할은 거의 그 의미를 상실했다. 그것은 미국에게 있어 일본의 존재가 예전처럼 중요하지 않다는 것을 의미한다.

미국이라는 '보호자'를 잃고, 세계를 분할하고 있던 '동서의 벽'이 사라지면서 일본에는 경제적으로도, 정치적으로도 세계화의 물결이 밀려들게 되었다.

냉전이 종결되면 인해 일본 경제를 둘러싼 환경도 급격히 변화했다.

전후 일본 정치의 구조는 이른바 '요시다 독트린'에 기반을
두고 있었다.

종전 직후인 1946년(쇼와 21)에 수상에 취임한 요시다 시게루吉田茂
는 샌프란시스코강화조약, 그리고 미일안전보장조약을 성립시
켰지만, 그런 반면 '가급적 국제정치에 관여하지 않고 군사비 부담
도 줄여 경제 부흥에 전념하는' 것으로 방침을 세웠다. 이것이 이
른바 요시다 독트린이라 불리는 것이다.

이 요시다 독트린에 의해 전후 일본은 '기적'이라 일컬어지는
경제 부흥을 달성하며 세계 유수의 경제대국이 되었다. 이것은
틀림없는 사실이지만, 그러한 경제성장은 본질적으로는 미국에
의존해서 이루어진 것이었다.

일본 산업이 급속히 국제경쟁력을 갖추게 된 것은 미국의 기
술을 수입한 덕분이었고, 미국이란 거대 시장에 일본 제품을 판매
할 수 있었기 때문이다. 또한 국가안전보장 문제에 있어서도 모두
미국에게 맡겨 두었기 때문에 국방비 지출도 최소한으로 줄일 수
있었다.

요컨대 모두 미국의 보호를 받는 형태로 이루어진 경제성장이
었던 것이다.

하지만 그러한 미국의 비호는 냉전 종결과 함께 끝을 맞이한
다. 일본은 더 이상 미국의 필요 불가결한 파트너가 아니었다.
그야말로 '전후의 끝'이 찾아온 것이다.

본래는 이러한 대전환기야말로 정치가 나설 자리다.

지금까지처럼 살아가다가는 곧 벽에 부딪치게 된다.

그런 때에 사람들에게 새로운 시대의 비전을 제시하며 사회 전체를 이끌고 가는 것이 리더의 역할이다.

하지만 일본의 경우에는 그러한 리더가 나타나지 않았다.

그 대신 나타난 것이 고이즈미 수상 같은 퍼포먼스 정치가였고, 그가 행하는 '개혁'이란 결국 내정에서는 강자의 논리에 따른 격차의 확대, 외교에서는 무비판적인 대미 추종에 지나지 않는다는 것을 굳이 말하지 않더라도 잘 알 것이다.

앞서도 이야기했듯, 전후 일본 정치의 최대 역할은 고도성장이 가져다 준 부를 어떻게 분배하느냐 하는 것이었다. 강력한 리더십은 필요시 되지 않았고, 모든 것은 같은 편 내에서의 '담합'에 의해 결정되었다. 진정한 정치가 개입할 여지는 없었다. 그러한 환경 속에서 진정한 정치가가 나타날 리도 없다.

내가 자민당을 탈당한 이유

1993년 6월, 내가 자민당을 탈당한 것은 이러한 오래된 정치를 어떻게든 개혁하고 싶은 마음에서였다.

1969년 12월, 27살에 첫 당선된 후로 나는 자민당의 정치가로서 활동해 왔다. 첫 당선 이후, 4반세기에 걸쳐 나는 여당에 있으면서 전후 일본 정치가 어떻게 이루어져 왔는지 이 눈으로 똑똑히 봐 왔다.

분명히 1955년 창당 이래, 자민당이 일본의 발전에 매진해온 것은 부정할 수 없는 사실이다. 실제로 일본은 자민당 정권 아래에서 기적적인 부흥을 이루었을 뿐 아니라, 세계에서도 유수의 경제대국으로 발전했다.

'정치는 결과론이다'라는 말이 있다.

아무리 고매한 이념을 주장해도 국민을 행복하게 해 주지 못한다면 그것은 실패한 정치이고, 그 반대도 마찬가지다. 그런 관점에서 보자면 '담합 정치'를 고수해 온 자민당 정치도 어떤 의미에서는 올바른 정치였다고 할 수 있다.

하지만 모든 일에는 수명이라는 것이 있다. 시대의 흐름이 바뀌어가고 있는데 이전과 같은 일을 계속하다가는 언젠가 부메랑처럼 그 대가가 돌아온다.

나는 자민당의 정치 수법이 한계에 이르렀다는 것은 온몸으로 느끼고, 어떻게든 내부에서 개혁할 방법이 없는지 찾아보았다.

그래서 우선 힘을 쏟았던 것이 정치 개혁, 그중에서도 중의원 선거제도 개혁이었다.

한 선거구에서 복수의 당선자가 나오는 종래의 중선거구제를 개혁하고, 한 선거구에서 한 명의 국회의원을 배출하는 소선거구제도로 바꾼다. 이를 통해 공모로 이루어졌던 정당끼리의 정책 논쟁을 활발하게 만들고, 최종적으로는 영국이나 미국 같은 2대 정당제로 개혁하는 것이 내가 그린 비전이었다.

전후 일본에서 자민당은 너무나도 오랜 시간 여당의 자리에 있었다. 정권 교대가 없는 곳에서는 진지한 정책 논쟁도 벌어지지 않을 뿐더러, 정권 여당은 자신들이 국민으로부터 국정을 위임받은 것이라는 긴장감도 잃게 된다.

소선거구제를 도입하면 예전처럼 같은 선거구에서 자민당과 사회당의 정치가가 선발되지 못하고, 국민들은 대립하는 정당 중 하나를 선택할 수밖에 없다.

그 결과 처음에는 자민당이 압승하겠지만, 언젠가 자민당은 정권 여당의 자리에서 물러나게 될지도 모른다. 하지만 나는 그것이 일본의 정치를 활성화시킬 것이라 믿고 행동했다.

'오자와는 자민당에 소속되었으면서 왜 반석처럼 견고한 자민당 체제를 부수려 하는가'라는 의문을 가진 사람들도 있었을 것이다.

하지만 그것은 '지금 여기서 정치 구조를 개혁하지 않는 한, 장래 일본에 희망은 없다'고 생각한 끝에 내린 고육지책이었다. 권력의 중핵에 있었기 때문에 더더욱 '이대로는 안 된다'는 위기감을 가지게 된 것이다.

다행히도 자민당 내부에서도 내 뜻에 동조해준 동료들이 적지 않았다.

하지만 누구나 기득권을 내놓을 용기를 가지고 있는 것은 아니다. 예상했던 일이긴 하지만 우리의 개혁에 저항하는 움직임이 나타났고, 결국 나는 자민당을 탈당할 결심을 굳혔다.

이제 남은 시간이 얼마 없다

내가 자민당을 탈당한 지도 벌써 10여 년이 훌쩍 지났지만, 아시는 바와 같이 일본의 개혁은 아직도 갈 길이 멀다.

내가 있던 신생당이 참여한 호소카와 내각에서도 1993년에 선거제도 개혁이 이루어지며 소선거구 비례대표 연립제가 도입된 것을 비롯해 몇몇 성과들을 거뒀다. 그렇지만 아직 일본은 55년 체제 시절과 본질적으로는 달라지지 않았다. 아니, 오히려 상황은 점점 악화되고 있다.

공적 채무는 늘어만 가고, 또한 연금이나 보험 등의 공적 복지제도도 점점 운영이 어려워지고 있다. 경기는 바닥에서 벗어나긴 했지만, 재정 악화는 멈출 기미를 보이지 않는다. 또한 미국이나 중국의 경기 동향 등 심각한 불안정 요인을 안고 있다.

장기적으로 보면, 출산율 저하 문제와 중국이나 러시아 등 '브릭스BRICs'라 불리는 국가들의 대두 등 일본 경제의 앞날이 결코 밝다고 할 수 없다. 아니, 실제로 나는 당장 대담한 개혁을 시행하지 않으면 머지않아 일본 경제가 침몰할 것이라고 심각하게 우려하고 있다.

게다가 일본을 둘러싼 국제환경도 결코 평온하지만은 않다. 북한 문제, 중국 문제도 해결해야 하고, 나아가서는 9·11로 시작된 이슬람과 미국의 대립 속에서 일본이 무엇을 해야 하는지 등 조속하게 검토해야 하는 문제가 산더미처럼 쌓여 있고, 모두 남은 시간이 별로 없다.

역사적으로 보면 지금 일본은 막말 유신기에 필적할 정도의 '국난'에 직면해 있다고 해도 과언이 아니다.

여기서 막말 유신의 역사를 간략히 되짚어 보자.

막말의 동란은 페리 제독의 내항에서 시작되었다.

당시 제국주의 서양 열강은 동아시아에 속속 진출하고 있었다. 이미 당시 청나라는 아편전쟁으로 상징되는 것처럼 압도적인 서양의 문명 앞에 자국의 영토를 식민지로 차례차례 빼앗기고 있었다. 그리고 그러한 '외압'은 일본에도 밀려 왔다.

당시 막부는 이러한 서양으로부터의 압력에 어떻게 대응했을까.

막부는 서양의 요구에 못 이겨 개국을 하긴 했지만, 정치 체제 자체는 종래대로 유지하는 이른바 '제도 내 개혁'으로 대응하려 했다. 이러한 막부의 태도에 위기감을 느낀 유신 지사들은 정치 체제의 근본적 개혁, 즉 타도 막부를 외치며 일어났고, 결국 메이지유신이란 '혁명'이 일어남으로써 일본은 근대 국가로 다시 태어나게 되었다.

하지만 만일 그때 막부가 계속 집권하며, 소규모 개혁으로 대응하려 했다면 일본은 어떻게 되었을까. 틀림없이 일본은 청나라나 다른 아시아 국가들처럼 서양의 식민지가 되었을 것이다.

에도 막부는 300년 가까이 이어진 안정된 정권이었다. 결과론적으로 보면 그것은 에도 막부의 제도 자체는 결코 나쁘지 않았다는 사실을 증명하고 있다.

하지만 앞에서도 언급했듯 모든 제도에는 수명이 존재한다. 급격히 변화하는 주위 상황 속에서 살아남기 위해서는 소규모 개혁이 아니라 과감한 개혁을 단행해야 한다. 메이지유신의 역사는 우리에게 그 사실을 가르쳐 주고 있다.

물론 막말 유신과 현재 일본이 처한 환경은 전혀 다르다.

현재 일본이 외국의 식민지가 될 일은 없을 테지만, 더 이상 지체할 수 없을 정도로 개혁이 시급한 것은 사실이다.

현재 일본에 남은 시간은 너무나 적다. 그리고 이 이상 개혁을 늦추다가는 일본인의 생활은 되돌릴 수 없는 큰 타격을 입을 것이다.

일본 사회에서 지도자가 나타나기 어려운 이유

현재 일본에 남은 시간은 얼마 되지 않는다.

하지만 개혁을 방해하는 것은 전후 정치의 구조를 어떻게든 유지하려는 수구파의 저항뿐만이 아니다. 그보다 더 큰 문제는 일본 사회가 전통적으로 리더를 인정하지 않는 컨센서스 사회라는 점이다.

17조 헌법[3]의 '화합을 귀히 여겨야 한다'는 말이 나타내듯, 일본에는 예전부터 국가든 지역 커뮤니티든, 회사 조직이든, 집단

---

3 쇼토쿠 태자가 604년에 제정한 17개로 이뤄진 고대 법률.

운영은 합의에 의해 결정하는 문화적 전통이 있었다.

이러한 사회에서는 서양에서처럼 소수의 걸출한 지도자가 사회나 집단을 이끄는 스타일은 환영 받지 못한다. 모난 돌은 정을 맞는다. 그것이 일본이다.

이러한 문화적 토양이 존재하는 한, 대담한 개혁은 이루어지기 힘들다.

아무리 중요하고 시급한 개혁이라고 해도 그에 의해 기득권을 잃는 사람들은 반드시 나오게 되어 있다. 이것은 개혁의 숙명이다. 유감이지만 모두가 이익을 얻는 개혁이란 존재하지 않는다.

따라서 합의에 기초한 사회에서는 개혁은 반드시 그 내용이 없어지거나, 좌절되기 마련이다. 최근 '고이즈미 개혁'의 참상을 살펴보면 누구나 알 수 있는 사실이라 생각한다.

하지만 '컨센서스 사회=악'이라 규정할 생각은 없다.

'어떤 일이든 집단의 합의하에 결정'해 온 전통은 분명 일본인이 오랫동안 길러 온 지혜다.

본디 일본은 예전부터 풍요로운 나라였다.

잘 알다시피 일본 역사는 조몬시대부터 시작되었지만, 현대 일본 민족은 '원시 일본인'이라 불리는 조몬인의 직계 자손이 아니라 이후 일본열도로 이주해 온 다양한 민족의 피가 섞인 인종이다.

어느 학자에 의하면 조몬시대부터 야요이시대에 걸쳐 일본열도의 인구는 겨우 몇 만에서 몇 십만 명으로 급격히 증가했다고 한다. 그 최대 요인은 이주자들이다. 당시 일본열도에는 북쪽에서 남쪽으로, 그리고 서쪽에서 수많은 사람들이 이주해 왔다.

왜 이렇게 많은 사람들이 일본열도로 이주해 왔을까. 그 이유는 굳이 말할 것도 없이 기후가 온화하고 사면이 바다로 둘러싸여 있기 때문에 외적의 침입이 없고, 산과 바다의 자원이 풍부해 풍요롭고 안전하게 생활할 수 있기 때문이었다.

또한 일본처럼 숲과 식량자원이 풍부한 국가는 얼마 되지 않는다. 건조한 대륙에서는 식량 생산이 항상 제한을 받았기 때문에 생산과 배분을 위한 리더십이 필요시 되었다.

이러한 배경이 있기 때문에 서양에서는 리더십을 중시하는 사회적 전통이 발생한 것이다. 우수한 지도자가 없으면 국가가 멸망하거나 민족이 분산하는 등 비극을 맞이하게 된다. 그것이 대륙의 숙명이다.

이에 비해 일본처럼 풍요롭고 안정된 사회에서는 지도자가 오히려 불필요하다. 중요한 것은 구성원 모두가 다투지 않고 평화롭게 살아가는 것이다. 그렇기 때문에 '조화를 귀히 여기는' 정신이 필요한 것이다.

일본이 컨센서스 사회가 된 것은 이러한 합리적인 이유가 있었기 때문이다.

하지만 이러한 컨센서스 사회는 상황의 변화에 대한 대응이 늦어지는 약점이 있다. 어떤 일이든 사전 합의와 담합에 기초해 일을 결정하는 방식은 견실하기는 하지만, 현대와 같은 격렬한 변화의 시대에는 오히려 해를 끼치는 경우가 많다.

나는 앞서 언급했던 이익 배분을 중시하는 전후 정치 시스템과 컨센서스 사회의 폐해가 바로 현재 일본의 침체 상태를 가져온 것이라 본다.

일본 역사상의 '3대 개혁'

하지만 일본이 전통적인 컨센서스 사회, 사전 합의와 담합 사회라고는 해도, 일본 역사를 살펴보면 예외도 있다는 것을 발견할 수 있을 것이다. 과거에는 걸출한 지도자가 나타나 일본 사회에 대변혁을 가져왔던 시대가 있었다.

나는 그러한 시대가 적어도 3번은 있었다고 생각한다.

첫 번째는 7세기에 있었던 다이카 개신[4]이다.

그때까지 일본 정치에서는 천황이 정점에 위치하긴 했지만, 실제로는 소가 씨蘇我氏로 대표되는 유력 부족들의 연합 국가였고, 국가로서 통합되지 않은 상태였다.

그럼에도 큰 문제가 발생하지 않은 것은 섬나라라는 특성과 당시 중국 대륙도 소국 분립 시대여서 침략의 위기가 없었기 때문이다.

하지만 바다 건너 중국 대륙에 수, 당이라는 거대 국가가 탄생

---

4 서기 645년 일본에서 일어난 정변 직후에 실시된 일련의 정치 개혁. 이 다이카(大化) 개신을 계기로 연호 사용, 당의 제도 도입 등이 이뤄졌는데, 이후 일본은 중앙집권적 국가의 틀을 갖추게 된다.

했다. 이 사실에 위기감을 느낀 나카노오에노오지中大兄皇子(후의 덴지[天智] 천황)은 동지인 나카도미노 가마타리와 함께 소가 씨를 타도하고 새로운 정권을 세웠다. 이 다이카 개신에 의해 일본은 비로소 중앙집권적 통일 국가를 이룩했다.

두 번째는 오다 노부나가織田信長에 의한 천하통일 계획이다.

노부나가는 뜻을 이루지 못하고 혼노지에서 아케치 미쓰히데에게 살해당했지만, 그는 기득권익에 의해 옴짝달싹 못하던 중세 사회를 파괴하고 새로운 통일 국가 일본을 만들려는 비전을 가지고 있었다.

그는 히에이산과 잇코슈 등 거대 종교 조직과의 싸움도 불사했지만, 그것은 당시 종교 조직이 일종의 기성 권력이었기 때문에 노부나가의 개혁에 걸림돌이 되었기 때문이다.

당시의 신사나 사찰은 각각 자신들의 영지와 기득권을 가지고 있었고, 세속의 권력을 능가할 정도의 힘을 가지고 있었다. 게다가 그들은 신앙이란 갑옷으로 보호받고 있었기 때문에, 기존 권력자들은 손을 댈 수조차 없었다. 종교 권력을 공격하면 천벌을 받는다고 생각한 것이다.

하지만 노부나가는 그러한 위협에 겁먹지 않고, 일본 통일을 위해 그들과 싸웠다.

그와 동시에 일본 국내의 산업을 진흥시키기 위해 '라쿠이치樂市, 라쿠자樂座'라는 획기적인 정책을 펼쳤다. 요즘 말로 하면 자유무역 시장이며 그곳에서 이루어지는 상업에는 모든 세금이 면제되었다. 또한 그곳에서는 신규로 참가한 업자도 기성 업자와 마찬가지로 시장에 참여할 수 있었다.

시대를 뛰어넘은 이러한 노부나가의 사상에 대한 저항도 만만치 않았다. 그 결과 노부나가는 혼노지의 변으로 암살당했지만, 노부나가가 중세 전통 사회를 파괴한 덕분에 그 후의 도요토미 정권, 도쿠가와 정권이 탄생할 수 있었다. 그야말로 근세 일본의 창조자였다.

그리고 세 번째는 앞서도 언급했던 메이지유신이다.

유신 지사들 중에 내가 제일 존경하는 인물은 오쿠보 도시미치大久保利通다.

오쿠보는 사이고 다카모리, 기도 다카요시와 함께 '유신 삼걸'이라 불리는 인물이지만, 책사의 이미지가 있기 때문에 인기는 그다지 높지 않다. 하지만 정치가로서 보면, 그는 메이지 공신들 중에서도 으뜸가는 존재다.

오쿠보는 당시 일본이 처해 있던 상황을 냉정하게 파악하고, 대담한 개혁을 실시했다. 그 결과 다양한 저항과 반발을 불러 일으켰고, 결국에는 옛 친구이자 동지였던 사이고 다카모리와 결별하게 되지만, 그때에도 사적인 감정을 개입시키지 않고 일본 독립과 근대화를 위해 사이고의 반란을 단호하게 제압하고 근대 일본의 기반을 다졌다.

오쿠보가 없었더라면 메이지유신이라는 대혁명은 도중에 좌절되었을지도 모른다.

'개혁의 현실'에서 눈을 돌리면 안 된다

오다 노부나가와 오쿠보 도시미치는 내가 존경하는 일본의 지도자이지만, 그들이 결코 만인으로부터 인기를 얻은 타입은 아니다.

특히 사이고가 지금까지도 일본인들에게 경애 받는 것에 비해, 오쿠보는 어딘가 냉혹한 이미지로 비쳐지고 있다. 노부나가 역시 히에이산을 불태울 때 승려뿐 아니라 그곳에 살고 있던 여성들과 아이들까지 살육한 일로 그 당시부터 비판을 받았다. 또한 오쿠보도, 노부나가도 결국 암살로 생을 마감했다.

하지만 오해 받을 것을 무릅쓰고 말하자면, 개혁이란 본디 그러한 것이다.

모든 사람들이 환영하는 개혁은 어디에도 없다. 개혁에는 기득권을 가진 사람들의 희생이 따른다. 그것은 부정할 수 없는 사실이다. 그리고 그러한 현실에서 눈을 돌리지 않는 사람만이 진정한 개혁자가 될 수 있다.

쓰지 구니오 씨의 「아즈치 왕환기安土往還記」라는 소설이 있다.

이것은 오다 노부나가가 살았던 시대에 일본으로 건너온 한 이탈리아인의 이야기다. 그중에 적을 가차 없이 살육하는 노부나가에게 가신들이 '적어도 귀순의 뜻을 밝힌 적에 대해서는 조금 온건한 방법으로 대해 달라'고 진언하는 부분이 있다.

"전쟁을 하는 이상, 전쟁에 이기는 것만을 생각해야 한다. 이것은 자명한 이치다. 전쟁을 하거나, 전쟁을 하지 않거나 둘 중

하나밖에 없다. 네가 전쟁 중에 적에게 자비를 베푸는 것은 인간의 도리에 합당한 행위지만, 애초에 전쟁 자체에 자비가 개입할 여지는 없다. 전쟁이란 상대에게 이기기 위한 것이며, 상대를 쓰러뜨리기 위한 것이다. 전쟁이 존재하는 이상 그곳에 자비는 없다. 만일 자비가 있다면, 그것은 전쟁의 참모습이 아니다.…… 전쟁을 하기로 마음먹었다면, 어떤 상황에서든 처음부터 끝까지 전쟁에 임해야만 한다.”

이 말은 아마 역사적 사실이 아니라 쓰지 구니오 씨의 창작일 것이다. 하지만 나는 이것이야말로 노부나가의 정신이라고 생각한다.

여기서 노부나가는 ‘전쟁이란 본디 자비심과는 무관한 것이다. 만일 자비를 중시하고 싶으면 처음부터 전쟁을 하지 않으면 되고, 일단 전쟁을 시작한 자가 자비심 운운하는 것은 모순이다. 전쟁을 시작한 이상 목적을 달성하는 것만을 생각해야 한다’고 말하는데, 나는 이 ‘전쟁’이라는 말을 개혁으로 바꾸어도 마찬가지라고 생각한다.

타협할 바에야 처음부터 개혁을 시작하지도 마라

오쿠보 도시미치 역시 개혁에 있어서 일절 타협하는 법이 없었다.

앞서 언급했듯, 메이지유신에서 최대 희생자는 무사 계급이었다. 이윽고 무사 계급의 불만이 폭발했고, 그 결과 세이난전쟁이 촉발된다. 반란을 일으킨 사쓰마의 무사들과 같은 번 출신이었던 오쿠보에게 이들과의 싸움은 제 살을 베는 것처럼 고통스러웠을 것이다.

하지만 그렇다고 정에 휩쓸려 타협해 버리면, 그 순간 유신개혁은 좌절한다. 그렇게 할 바에는 처음부터 메이지유신을 일으키지 않는 편이 낫다. 오쿠보는 그렇게 생각한 것이리라.

시저가 로마 정치를 개혁하기 위해 자신의 군단을 이끌고 루비콘강을 건넜을 때, '주사위는 던져졌다'고 외쳤다고 한다. 이 역시 같은 정신이다.

개혁이란 한 번 주사위를 던졌으면, 그 주사위의 눈은 이제 바꿀 수 없는 것이다. 그렇다면 자신의 모든 운명을 던져 개혁을 진행시킬 수밖에 없다. 그래서 시저는 무슨 일이 있어도 후회하지 않는다고 말한 것이다.

최근 자민당이나 언론에서는 '고통을 수반한 개혁'이라는 표현을 사용하는데, 개혁이란 본디 고통과 희생을 수반하는 것이다. '고통을 수반하지 않는 개혁'은 어디에도 존재하지 않는다.

하지만 여기서 주의해야 할 것은 수많은 국민에게 행복을 가져다주는 것이 아니라면, 그것을 개혁이라 할 수 없다는 점이다.

이른바 고이즈미 개혁이라 불리는 것은 수많은 사람들에게 고통을 안겨 주고, 한편으로는 특정인들에게만 이익을 가져다주었다. 본래의 개혁의 뜻에서 어긋나 있다고 할 수 있을 것이다.

국민을 위해 진정한 개혁을 실행하려 한다면, 그 이념과 장래 비전을 명확하게 세우고, 국민에게 제시해야 한다.

그리고 그런 뒤에도 개혁할 것을 결의했다면, 끊임없이 전진할 뿐이다. 타협은 용납되지 않는다. 만일 타협한다면 처음부터 개혁을 시도하지 않는 편이 낫다.

지금 일본에는 개혁이 필요하다.

그 사실에 이론을 제기하는 사람은 없을 것이다. 하지만 막상 개혁을 실행하려 하면 언론을 비롯해 다양한 곳에서 '총론 찬성 각론 반대'라고 입을 모아 말한다. 그들은 '더 온건하게 개혁하라'고 하지만, 내가 볼 때 그것은 '개혁을 그만둬라'나 마찬가지다.

물론 개혁에 의해 기득권을 잃고, 불이익을 얻게 되는 사람은 반드시 나오기 마련이다. 기득권자 가운데는 직업을 잃는 이들도 있을 것이다. 하지만 대다수의 사람들을 행복하게 만들기 위해서는 그것을 극복해야만 한다.

개혁이 가져 오는 '현실'이 두려운 나머지 개혁 자체를 어중간한 것으로 만들 바에야, 처음부터 개혁하지 않는 편이 낫다.

변하지 않고 살아남기 위해서는 스스로 변해야만 한다

인간이란 본질적으로 변화를 반기지 않는 존재다. 눈이 핑핑 돌 정도로 하루하루 변화하는 생활보다는 어제와 같은 내일을 맞이하는 편이 훨씬 편하고, 마음이 놓인다고 생각하는 것이 인지상정이며, 나 역시 마찬가지다.

하지만 인간에게는 좋든 싫든 변화해야만 할 때가 있다.

내가 젊었을 적 보고 감동했던 영화 중에 "들고양이The Leopard"라는 작품이 있다. "베니스에서의 죽음"으로 유명한 이탈리아의 거장 루키노 비스콘티의 작품으로, 주연은 버트 랭커스터였다.

이 영화는 19세기에 일어난 이탈리아 통일 운동의 격동 속에서 살아가는 한 시칠리아 귀족의 모습을 그린 이야기인데, 버트 랭커스터가 연기하는 주인공 살리나 공작은 구체제에 속한 귀족이면서도 혁명 운동에 투신하는 조카를 이해하고 다양한 형태로 그를 지원한다.

예전부터 공작을 존경하던 남자가 이러한 공작의 행동을 보고 "왜 당신 같은 분이 녀석을 돕는 겁니까?"라고 묻는 장면이 있다.

이 물음에 대해 공작은 조용히 답한다.

"변하지 않고 살아남기 위해서는 스스로 변해야만 하기 때문이지."

공작의 이 말은 일견 모순된 것 같지만, 나는 이것이 인간 세상의 진리를 꿰뚫는 말이라고 생각한다.

오랜 번영의 답은 자기개혁밖에 없다.

역사상 오랫동안 번영해온 국가는 모두 예외 없이 자기개혁의 노력을 게을리 하지 않았다. 로마제국은 물론, 베네치아공화국, 영국도 마찬가지다. 시대에 맞춰 변화하는 것만이 오랫동안 살아남을 수 있는 비결이다. 반대로 변화를 거부한 국가는 모두 자멸했다. 그것이 역사의 법칙이다.

만일 일본인들이 앞으로도 경제적 번영을 유지하길 바란다면, 자기개혁의 용기를 가지고 현상에 맞서는 수밖에 없다.

분명히 일본은 컨센서스 사회이기는 하지만, 그래도 과거에는 메이지유신처럼 자기개혁에 성공했던 경험을 가지고 있다.

에도시대의 일본은 리더의 활약을 허용하지 않는 내향적인 컨센서스 사회였다. 막부의 운영조차 로주의 집단 합의로 이루어지는 것이 통례였다. 또한 도쿠가와 이에야스가 제정한 국법을 바꾸는 것은 엄격히 금지되었고, 새로운 시도는 법에 어긋나는 것으로 여겨졌다.

하지만 그러한 사회 체제가 300년 가까이 지속되었음에도 막말에 페리의 흑선이 내항하자 전국의 뜻있는 젊은이들이 일제히 나타났고, 세계사에 유래가 없는 시민 혁명을 완수했다.

나는 이 사실에 희망을 걸고 싶다. 비관적인 사람들은 '어차피 일본 사회에서는 서양에서처럼 걸출한 지도자는 나타날 수 없다'고 하지만, 메이지유신은 그 말이 틀렸다는 것을 여실히 보여준다.

또한 메이지유신을 실현한 지사 중 대다수는 20대였고, 최연장자에 속하는 사이고 다카모리조차도 40대였다.

그것은 전형적인 위계 사회였던 에도시대의 일본에서조차 그러한 젊은이들의 개혁의 뜻과 행동을 받아들일 수 있는 수용력을 가지고 있었다는 것을 뜻한다.

나는 믿는다. 일본은 변화할 수 있다. 일본인은 자기개혁을 이뤄낼 수 있다.

3장

'윗분 의식'으로부터의 탈피

정치와 관료

'정치란 무엇인가'라는 문제에 대해 구체적으로 생각하는 데 정치와 관료의 관계를 생각하는 것은 중요한 작업의 하나일 것이다.

일본에서는 오랫동안 '관료 신앙'이라 불리는 사상이 국민들 사이에 정착되어 있었다.

나가타초의 정치가들은 언제나 정쟁에 여념이 없고, 금권정치를 하기 때문에 믿을 수 없다. 그에 비해 가스미가세키에서 일하는 공무원들은 도쿄대 법학부를 졸업한 엘리트들이며, 청렴결백한 인재들이다. 그러한 엘리트 관료들이 일본을 지탱해 가는 것이 훨씬 마음이 놓인다. 간략하게 말하면 이러한 사상이다.

하지만 관료에 대한 국민들의 절대적인 신뢰는 최근 10년 사

---

* '윗분 의식'의 원어로는 'お上意識(오카미 의식)'.

이에 급속히 흔들리기 시작했다.

그 이유로는 여러 가지가 있지만, 최대 이유는 무엇보다도 엘리트 관료들이 버블 붕괴나 헤이세이 불황을 전혀 방지하지 못했다는 사실일 것이다. 게다가 연이어 일어나는 관료 비리와 스캔들로, 관료가 결코 청렴하지 않다는 사실도 명백해졌다.

그래서 이제야 겨우 관료 신앙에서 탈피해야 한다는 의식이 국민들 사이에서 퍼지기 시작했다. 지금 문제가 되는 민영화 논의도, 이러한 국민 의식의 변화가 있었기 때문에 가능했던 것이다.

하지만 이러한 관료를 둘러싼 문제를 신문이나 방송 등에서 '관료의 질적 저하', '도덕성 저하'라는 차원에서만 보도하는 것은 문제의 본질을 파악하지 못한 행위다.

애초에 민주주의 국가인 일본 정치를 정치가가 아닌 관료가 주도해온 것 자체가 비정상적이다. 만일 관료의 질이나 도덕성이 향상된다 해도, 관료가 정치에 손을 대는 것 자체가 민주주의에 반하는 것이다.

그 사실을 문제 삼지 않는 일본의 언론들은 '민주주의의 상식'이 결여되어 있다고 해도 결코 과장된 발언은 아닐 것이다.

일본은 진정 민주주의 국가인가

그렇다면 대체 언론의 무엇에 '민주주의의 상식'이 결여되어 있는 것일까.

그 사실을 말하기 전에, 애초에 왜 정치가가 국가의 중요 사항을 결정하고 국정을 움직일 수 있는지에 대해 이야기하려 한다.

민주주의 국가에서 이른바 '삼권', 즉 사법, 입법, 행정 중 정치가가 입법과 행정의 2대 권력을 행사할 수 있는 것은 정치가가 주권자인 국민에 의해 선발된 사람들이기 때문이다.

우리 정치가는 선거에 의해 국민의 신임을 얻은 '대표'다. 그렇기 때문에 정치에 관여할 자격이 있다. 이것이 민주주의의 대원칙이자 규칙이다.

생각해 보라.

만일 정당한 선거에 의해 선택되지 않은 사람이 정치의 중핵에 위치하게 된다면, 과연 그 나라가 민주주의 국가라 불릴 자격이 있을까?

가령 군사 쿠데타로 군인이 정권을 잡으면, 그 나라는 '군사 독재 국가'라고 불리게 된다. 또한 구소련에는 형식뿐인 선거는 있었지만, 실질적으로는 공산당 엘리트가 지배하는 국가였기 때문에 이 또한 민주주의 국가라 할 수 없었다. 현재 북한의 경우에도 선거에 의해 선발되지 않은 지도자가 정점에 군림하고 있으니 역시 민주주의 국가라 할 수 없다.

이러한 사실은 누구나 알고 있음에도 자기 나라의 정치가 사실상 관료에 의해 좌지우지되어 왔다는 사실에는 아무런 의문도 느끼지 않으니 참 신기한 일이다.

의문을 느끼기는커녕 '정치가에게 정치를 맡길 수 없다. 관료에게 맡기는 것이 마음이 놓인다'라는 풍조마저 생겨났다.

과연 이런 일본을 '민주주의 국가'라 부를 수 있을까.

정치의 중요 사항을 정치가가 아닌 관료가 결정한다면, 일본은 민주주의 국가라 할 수 없다. 오히려 '관료사회주의 국가'라 하는 것이 훨씬 실상에 가깝지 않을까.

왜 관료에게 일임해서는 안 되는가

하지만 독자들 중에는 이러한 견해에 대해 반론하는 사람도 있을 것이다.

'정치는 결국 결과론이다. 지금까지 관료가 일본 정치를 움직여 온 것은 민주주의 원칙에 반하는 행위였는지도 모르지만, 결과적으로 일이 잘 되었고, 소련이나 북한처럼 인권을 억압했던 것도 아니지 않느냐.'

분명히 정치에는 결과론적인 측면이 있다. 하지만 관료들이 진정 제대로 정치를 할 수 있을까. 능력만 있다면 선거를 통하지 않아도 정치를 할 자격이 있는 것일까.

나는 그렇게 생각하지 않는다. 설령 그들이 우수하다 해도 관료들은 정치에 손을 대서는 안 된다.

왜냐면 관료들에게는 '책임의식'이 없기 때문이다.

정치가는 선거라는 자리를 빌려 자신의 신념을 국민들에게 심판 받는다. 만일 국민들이 그 정치가의 신념이나 정책이 잘못되었다고 판단하면, 그 정치가는 낙선하게 되어 있다. 또한 정권 여당이 채택한 정책이 잘못되었다면, 그 당은 선거에서 여당의 자리를 잃게 될 것이다.

민주주의가 다른 어떠한 정치제도보다 우수하다고 일컬어지는 것은, 이러한 확인 기능이 있어서 항상 권력의 폭주를 감시하는 시스템으로 되어 있기 때문이다.

하지만 이에 대해 관료의 경우에는 주권자인 국민의 신임투표를 받을 수 없다.

만일 관료가 잘못된 판단이나 실패를 저질렀다면, 그것을 제지하고 책임을 지게 하는 것은 정치가의 역할이다.

하지만 일본의 경우 총리대신조차 부하인 관료를 쉽게 해고할 수 없는 시스템이다. 해고는커녕 관료의 의사를 거스르는 발언을 한 대신이 관료들에게 외면당해 피 말리는 경험을 하는 일도 심심치 않게 발생한다. 다나카 마키코 씨가 외무대신에 취임했을 때, 외무 관료들이 얼마나 저항했는지를 생각해 보면 쉽게 이해할 수 있을 것이다.

요컨대 일본의 관료들은 관료 조직의 두꺼운 벽에 보호받으며 아무리 중대한 실수를 해도 결코 책임을 지지 않을 뿐더러, 면직을 당하는 경우도 없다. 상황이 이러한데 어떻게 관료에게 책임감이나 도덕성을 바랄 수 있겠는가.

'권력은 부패한다. 절대 권력은 반드시 부패한다'는 말을 아는지 모르겠다.

확인 절차를 거치지 않아도 되는 절대 권력은 반드시 부패하고 타락한다는 뜻인데, 일본의 관료 체제는 그야말로 이 말처럼 되어 버렸다.

최근 도로공단 문제도, 사회보험청 문제도, 본디 국회나 정권 여당이 평상시에 확인했다면 국민에게 거둬들인 세금을 자신의 이익을 위해 사용하는 사태까지 벌어지지는 않았을 것이다.

그렇기 때문에 관료의 책임도 크지만, 정치가의 책임은 더욱 크다.

그리고 나아가서는 그러한 '정치의 타락'을 허용한 국민의 책임이기도 하다. 따라서 이것은 관료 하나만을 비판하며 관료 조직을 축소, 해체시키면 해결될 문제가 아니다.

정치의 태만

앞에서도 말했듯이, 전후 일본은 냉전 체제 속에서 미국의 보호를 받으며 경제적 번영만을 추구했다. 그 결과 일본 '정치'는 경제성장이 만들어 낸 부의 배분 문제만을 줄곧 처리해 왔다.

이러한 시대적 상황에서는 정치가가 커다란 결단을 내릴 필요가 없다. 오히려 정치가 나서지 않는 편이 좋다고 할 수 있을 것이다. 그 결과 일본에서는 정치가보다도 관료가 힘을 가지게 되었다.

경제 발전 속에서 어떻게 부를 효율적으로 분배할 것인가 하는 계획을 구상하는 것은 관료의 전문 분야다.

무엇보다 일본 관청에는 메이지시대 이후로 축적되어 온 막대한 데이터와 경험이 있다. 그것을 바탕으로 계획을 세우는 것이기 때문에, 정치가가 그런 치밀함을 이길 수 있을 리 없다. 분명히 그러한 분야에서 관료는 뛰어난 역량을 가지고 있다.

하지만 그 결과 일본의 정치가는 모든 일을 관료에게 맡기고, 자신의 다리로 서는 방법을 잊어버렸다. 본디 입법을 담당해야 할 국회의원이 스스로 법안을 입안하고, 제출하는 것조차 못하게 되어 버린 것이다.

또한 정부 측에서도 국회에서 총리대신이나 각 대신들이 직접 질문에 답하는 것이 아니라, '정부위원'으로서 관료가 답하는 것이 상식이 되어 버렸다. 대신이 된 뒤에도 자신의 견식이나 생각 없이, 일을 모두 관료에게 맡기는 정치가도 적잖이 존재한다.

요컨대 행정도, 입법도 정치가가 제대로 담당하지 않고 모두 관료에게 맡겨 버리고 있는 것이다. 정치가가 스스로 체득하려 하지 않으니, 관료들이 '정치가에게 정치를 맡겨서는 안 된다'라고 생각하게 된 것도 이상한 일은 아니다. 즉 관료 지배 체제를 조장한 것은 다른 누구도 아닌 바로 정치가 자신인 셈이다.

의식 개혁은 아직도 멀었다

하지만 이러한 방식이 통용된 것은 역시 일본이 고도경제성장을 이룩한 시대에 미국의 비호 아래에 있었기 때문이다. 순풍에 돛 단 듯한 시기에는 커다란 정치적 결단은 필요가 없다. 오히려 행정 전문가인 관료에게 맡기는 것이 나을 것이다.

하지만 그런 상황이 일변하였을 때, 관료 체제의 문제점이 뚜렷이 드러났다. 미소 냉전의 종결과 그 후에 이어진 버블 붕괴로 시대 상황은 크게 달라졌고, 그때까지 팽배해 있던 관료일임주의로는 통용되지 않는다는 것을 모두가 똑똑히 알게 되었다.

하지만 오늘의 일본에서는, 마치 '관료 제도를 축소, 해체해 버리면 모든 문제가 해결된다'는 식의 풍조가 횡행하고 있다.

이것은 어떻게 보아도 본말이 전도된 논의다. 진짜 문제는 왜 관료 체제가 이렇게까지 확대되었느냐는 것이다. 그것을 시정하지 않는 한, 진정한 의미의 '관료 체제로부터의 탈피'는 불가능하다.

그것을 위해서는 먼저 행정가 자신의 의식 개혁이 가장 중요하다. 하지만 유감스럽게도 그것은 아직 멀었다고밖에 표현할 수 없다.

실제로 이렇게 국회 내외에서 관료 비판이 일어나고 있는데, 상황은 이전과 조금도 달라지지 않았다. 아니, 달라지기는커녕 오히려 이전보다 악화되었다.

이 또한 정치가들이 정책을 입안할 능력을 갖추지 못했기 때문에 내외에 산더미처럼 쌓여 있는 문제를 해결하고 싶어도 그럴 만한 아이디어가 없다. 따라서 모든 문제를 관료에게 떠넘길 수밖에 없다. 입으로는 관료제 비판을 외치는 현재가 이전보다 훨씬 정치가의 관료 의존도가 높아진 것이다.

하지만 그렇다고 관료가 능력을 발휘하느냐 하면, 그렇지도 않다. 본디 그들의 전문 분야는 일정한 시스템 내에서의 행정이기 때문에, 요즘처럼 제도나 가치관이 크게 변동하는 시대에는 적절한 정책 입안을 제시하지는 못한다. 그래서 이러한 관료 의존은 그저 단순히 그들의 권한을 확대하는 결과를 가져 왔다. 관료 주도 체제는 예전에 비해 훨씬 나빠져 가고 있다.

나는 일찍이 자자(자민·자유)연립정권 시절에 '정부위원 폐지'를 실현시켰다.

관료가 아니라 대신이나 부대신이 국회에서 답변함으로써 정치가 자신이 자신의 정책에 책임을 지게 하고, 관료 의존에서 탈피해야 한다는 생각에서 내린 결단이었지만, 자민당 정권하에서는 그 제도가 전혀 제 기능을 다하지 못하고 있다.

고이즈미 수상 스스로가 '역시 전문적인 일은 관료가 답변하는 것이 낫다'고 말할 정도고, 실제로도 대신이나 부대신이 국회에서 자신의 말이나 신념으로 이야기하지 않고, 모두 관료의 작문을 읽는 것에 지나지 않는다. 이래서는 관료 정치로부터의 탈피가 도저히 불가능하다.

영국에서 배운다

말은 이렇게 하지만, 전전부터 헤아리면 거의 한 세기 동안이나 관료 체제가 이어져 왔으니, 나도 말 한마디로 일본 정계의 관료 의존 체질이 바뀔 것이라고는 생각하지 않는다.

역시 정치가 한 사람, 한 사람의 의식을 바꾸기 위해서는 먼저 제도를 바꾸어야 한다. 인간은 자신이 속한 조직이나 제도에 의해 타락하기도 하고, 성장하기도 한다. 정신론이나 슬로건만으로 정치 개혁은 불가능하다.

그래서 나는 예전부터 일본과 같은 내각제를 채택하고 있는 영국의 시스템에 주목해 왔다.

어느 국가든 관료 조직과 정치가의 관계는 큰 문제다. 각 국가들은 독자적으로 그 문제에 대응하고 있다.

예를 들어 미국 연방정부, 즉 백악관의 경우에는 대통령이 바뀌면 통례적으로 그에 따라 워싱턴의 최고 관료 역시 교체된다. 일설에 의하면 절반 이상의 스태프가 바뀐다고 한다. 이렇게 함으로써 관료 조직이 지나친 권력을 가지지 못하도록 하는 것이다.

하지만 미국의 방식은 장점도 있지만, 너무 과격해서 그에 따른 폐해도 있다. 스태프가 너무 자주 바뀌면 행정 노하우가 축적될 수 없고, 행정의 연속성에 있어서도 문제가 발생한다. 또한 고급 관료는 모두 대통령이 정치적으로 임명하기 때문에, 외부 사람들이 기용됨으로써 원래 조직에 속해 있던 사람들은 아무리 노력해도 간부가 될 기회가 전혀 돌아오지 않는다. 결국 행정성청에는 우수한 인재들이 모이기 힘들다.

이에 비해 영국은 다른 방식을 채택하고 있다.

영국의 경우, 정권 여당이 소속 의원을 행정부 안으로 보내 실제 행정을 담당시키는 것이 관례다.

일본에서는 정권을 잡아도 내각에 참여하는 멤버는 대신, 그리고 자유당의 주장에 의해 창설된 부대신과 정무관뿐이다. 그 숫자도 권력도 제한되어 있지만, 영국에서는 내각대신 외에도 각외 담당상, 정무차관, 정무차관보 등으로 불리는 자리가 있기 때문에 이러한 멤버들까지 포함하면 정부에 들어가 행정에 관여하는 여당 정치가의 수는 100명이 넘는다.

물론 그들은 단순한 장식품이 아니다. 실제로 각자 역할을 분담하고, 의회에서 정부 측 답변에도 응하고 논의도 펼친다. 물론 정부 내각에서의 의사 결정에도 참여한다. 권한을 가진 정치가가 책임을 지고 행정에 관여함으로써 영국에서는 관료가 행정가가 되는 것을 방지하고 있다.

하지만 한편으로 영국의 관료는 정치가로부터도, 일반 대중으로부터도 무척 높은 평가를 받고 있다.

그들은 정치가와의 접촉조차 금지되어 있고, 정치와 연관되는 것을 극단적으로 회피하고 있다. 하지만 정부 내에서의 정책 입안 능력과 역할에 있어서는 다른 국가의 관료들보다 훨씬 큰 비중을 차지하고 있다.

말할 것도 없이 이러한 영국식 시스템에서는 정치가가 자신의 담당 성청의 업무에 대해 필사적으로 공부해야 한다. 결코 쉬운 일이 아닐 뿐더러 책임도 막중하다. 정치가는 국회에서 벌어지는 논쟁에서 당당하게 야당을 설득시킬 수 있을 만한 소양과 신념, 그리고 지식을 가지고 있어야만 한다.

하지만 그것이 본디 정치가의 역할이며, 그것을 기피할 것이라면 처음부터 정치가가 되지 말아야 한다.

그리고 실제로는 이렇게 정부에 참여함으로써 행정 실태를 접하고, 현재의 제도나 법률의 문제점에 대해 파악하게 되어, 정치가로서의 식견이 더욱 발전할 수 있기 때문에 오히려 정치가에게는 기회라고 할 수 있다.

정치와 행정이 따로따로인 일본

일본의 현행 제도에서는 정부에 참여할 수 있는 멤버가 한정되어 있기 때문에, 신인 정치가가 행정 실태를 알 기회는 좀처럼 없다. 미래의 일본을 짊어질 정치가를 육성하기 위해서도 정치와 행정을 일체화시키는 제도 개혁은 반드시 필요하다.

현재 일본에서는 여당과 정부가 따로 존재하는 형태를 취하고 있다.

세금 문제를 예로 들어보자. 정부에는 세제조사회가 있고, 원래대로라면 그곳에서 앞으로의 세금 제도를 검토해야 하지만, 같은 '세금조사회'라는 이름의 조직이 여당 내부에도 있다.

이 두 개의 세금조사회가 언제나 같은 결론을 낼 수만은 없기 때문에 항상 정부와 여당은 정책을 조절해야 한다. 그것을 절충하는 과정에서 시간도 낭비되고, 이런 이중 체제에서는 '누가 최종 책임자인가'에 대한 문제도 애매해진다. 게다가 정책 결정 과정이 개방되지 않기 때문에 국민들은 정치에 불신을 느끼게 된다.

뿐만 아니라 정부와 여당의 정책 조절 자체도 이미 정체성을 잃어가고 있다.

즉, 여당은 겉으로만 정부의 생각에 이론을 제기하고, 정부는 그것을 수용해 여당의 생각을 받아들이는 것처럼 행동하지만, 실상은 '모두 관료에게 일임'하는 실태를 감추기 위한 것이다. 정부, 여당 간의 조절은 국민의 눈을 속이기 위한 쇼에 지나지 않는다.

이러한 폐해를 없애기 위해서라도 꼭 '여당과 정부의 일체화'를 추구해야 한다는 것이 나의 신념이다.

로마제국이 오래 지속된 이유

정부와 여당의 일체화에 관해서 하나 더 말하고 싶은 것이 있다. 이른바 '족의원'[1]에 대한 이야기다.

지금 언론은 '족의원은 바람직하지 않다'는 논조 일색으로 보도하고 있지만, 나는 그에 대해 찬성할 수 없다.

애초에 의원들이 각자 자신의 전문 분야를 가지고 특정 정책, 특정 행정 분야에서 적극적으로 발언을 하거나, 의안을 내놓는

---

1 族議員. 특정 정책 영역에 관해 전문성을 갖춘 의원.

것은 정치가로서 칭찬 받아 마땅한 일이지, 결코 비난 받을 이유는 아니다. 그런 의미에서 족의원은 바람직한 존재다. 하지만 현재 족의원 중에는 정부 밖에서 일개 여당 의원의 신분으로 행정에 영향을 미치는 경우가 있다. 이것이 문제다.

계속 반복해서 이야기하지만, 권한과 책임은 하나다.

권한을 행사하는 이상, 그 결과에 책임을 지는 것이 민주주의의 기본 원칙이다.

하지만 족의원의 경우는 공적인 입장, 권한이 없는 채로 정책 결정에 영향력을 행사하고 있기 때문에 실패했을 경우에도 책임을 묻지 않는다.

즉, 무책임 체제가 되어 가고 있는 것이다. 이래서는 행정이나 정책 결정을 자의적으로 일그러뜨리고 있다는 비판을 받아도 할 말이 없다.

하지만 이러한 비판도 족의원들을 정부 내부로 포용함으로써 해소할 수 있다. 각각의 분야에서 전문가인 의원들이 각자 책임 범위를 명확히 해서 정치에 참가한다면, 더 여러 가지 지혜가 모일 것이다. 그것이 진정한 인재 등용이 아닐까.

『로마인 이야기』를 쓴 시오노 나나미 씨에 의하면 고대 로마 국회에 해당하는 원로원에 들어가기 위해서는 젊었을 적에 다양한 정부의 요직을 거치며 실제 행정 경험을 일정 기간 이상 쌓는 것이 필수 조건이었다고 한다. 요컨대 원로원의 구성원들은 모두 행정의 전문가였던 것이다.

고대 로마가 지중해 연안의 패자가 될 수 있었던 이유에는 여러 가지가 있겠지만, 나는 이러한 원로원 시스템도 큰 강점으로 작용했을 것이라 생각한다.

책임을 지지 않는 사람이 정치를 해서는 안 된다. 역사는 그 사실을 가르쳐 주고 있다.

국민 전체의 의식 개혁이 절실하다

일본이 지금까지의 관료주의 체제에서 탈피하여 진정한 '민주주의 국가'가 되기 위해서는 정부와 여당의 관계를 변화시키는 것이 중요한 변수일 것이다.

하지만 이 문제를 더욱 깊이 파고들어 보면, 역시 행정이나 국회의 의식 개혁만이 아니라 국민 전체의 정치에 대한 의식이 바뀌지 않으면 해결하지 못할 것이라 생각한다.

애초에 이렇게까지 관료의 힘이 커진 최대 원인은 에도시대부터 이어지는 일본인의 '윗분' 의식이다.

에도시대의 서민들이 '정치는 높으신 무사님에게 맡겨 두면 된다'고 생각했던 것과 마찬가지로, 전후 일본인들도 막연하게 '정치는 일류대를 나온 엘리트 관료에게 맡겨 두면 된다'라고 생각한 것이다.

민주주의 국가인 일본의 권력은 주권자인 국민의 것이고, 정치는 결코 남의 일이 아니다.

하지만 언론을 포함해 대부분의 일본인들은 자신이 정치를 움직인다는 의식을 가지고 있지 않다. 즉, 지금까지 일본인에게는 민주주의의 감각이 결여되어 있었던 것이다.

만일 진정으로 일본에 이 감각이 정착되었다면, 자신들이 선택한 국회의원을 믿지 않고 선거를 통해 뽑히지 않은 관료를 더 믿는 '비틀림 현상'이 일어나지 않았을 것이다.

민주주의 사회는 국민이 키우고 쌓아 가는 사회다. 그렇기 때문에 무슨 일이든 '윗분들'께 맡기는 것이 편하다는 의식이 사라지지 않는 한 일본은 언제까지나 진정한 민주주의 국가가 될 수 없다.

그랜드캐니언의 교훈

일찍이 『일본개조계획』이란 책에서도 언급했던 이야기지만, 미국의 그랜드캐니언의 절벽에는 추락 방지용 철조망도 없고, 주의할 것을 당부하는 표지판도 없다.

그랜드캐니언의 절벽은 높이가 1200미터나 된다. 절벽에서 발을 헛디디면 그대로 끝이다.

만일 이런 깎아지르는 듯한 절벽이 일본에 존재한다면, 그리고 그곳에서 한 사람이라도 사람이 사고를 당한다면 어떤 사태가 벌어질까?

아마도 일본 언론과 여론은 그곳을 관리하는 공적 기관에 비난을 퍼부을 것이다.

‘수많은 관광객들이 찾는 곳인데 철조망 하나 만들지 않고, 관리인도 두지 않은 것은 관리 태만이다.’

분명 각 신문은 이러한 논조로 관리 책임자와 당국을 규탄할 것이다.

그 결과 어떻게 될까. 굳이 말할 필요도 없다.

그 즉시 아름다운 경관을 해하는 철조망이 세워지고, 붉은 글씨로 ‘경고’라고 쓴 표지판이 이곳저곳에 세워질 것이며, 공원관리사무소의 스피커에서는 ‘위험하니 절벽에 가까이 가지 마십시오’란 안내방송이 시끄럽게 흘러나올 것이다.

하지만 미국의 그랜드캐니언에는 그러한 풍경이 전혀 없다.

세계적으로 유명한 관광지인 그랜드캐니언에는 수많은 관광객들이 찾아온다. 그중에서 절벽에서 발을 헛디뎌 추락하는 불행한 사람들이 매년 몇 명씩 나오곤 한다.

실제로 내가 방문했을 때에도 절벽 위로 솟은 큰 바위 위에 몇몇 젊은이들이 앉아 높이 1200미터의 스릴을 맛보며, 보는 사람의 간담을 서늘하게 만들었다.

하지만 몇 사람의 사망자가 발생해도, 그랜드캐니언에는 철조망이 설치되거나 시끄러운 방송이 흘러나오지 않는다.

나는 이 풍경에서 일본 사회와 미국 사회의 차이점을 발견했다.

일본에서는 레저라는 지극히 사적인 행동에까지 ‘윗분들’께 안전을 보장받으려고 하고, 그것이 당연하다고 생각한다. 그리고 만일 사고가 일어나면 반사적으로 '정부는 무엇을 하고 있었는가', '더 엄하게 규제하라'는 반응이 돌아온다.

이에 비해 미국에서는 '자신의 안전은 스스로 지켜라'라는 의식이 있다. 물론 개인의 힘으로 지킬 수 없는 상황에서는 당국의 개입이나 규제도 필요하지만, 어디까지나 기본은 '자기 관리'다.

이러한 국민 의식의 차이가 일본을 '규제 대국'으로 만들었다고 한다면 너무 거창할까?

분명히 '호송 선단 방식'으로 대표되는 규제나 행정 개입은 관료가 만들어낸 것이기는 하지만, 그것을 지금까지 허용해 온 것은 '윗분들'께 보호받는 편이 마음이 놓인다고 생각하는 일본인의 정신이다. 또한 그것을 조장해 온 언론에도 책임이 있다.

이러한 '윗분 의식'을 일소하고, '정치는 국민이 만들어 가는 것'이라는 생각이 정착되지 않는 한 관료 지배의 위험성은 사라지지 않을 것이다. 나는 그렇게 생각한다.

4장

리더의 조건

리더 없는 국가는 멸망한다

'리더 대망론'이란 말이 여기저기서 들린 지도 벌써 오래다.

일본인들이 강한 리더십을 가진 지도자를 원하게 된 것은 그만큼 현재 일본이 안고 있는 문제가 기존의 '일본형 컨센서스 사회'적인 방식으로는 해결할 수 없다는 위기의식의 발로일 것이다. 또한 그와 동시에 현재 일본에 진짜 '리더'라고 부를 수 있는 인재가 너무나 부족하다는 현실을 나타내는 것이라고도 생각한다.

정치든 경제든 순조롭게 진행되던 시절에는 '강한 리더'가 필요하지 않았다.

그 좋은 예로 에도시대를 들 수 있다. 이른바 '도쿠가와의 태평성대'에는 혈통으로 쇼군(장군)을 정했다. 또한 그 쇼군을 보좌하는 로주도 마찬가지로 집안을 중시해 선발했다. 빈말로도 에도 막부가 능력주의 시스템이었다고 결코 말할 수 없다.

그렇지만 그런 에도시대에도 능력 있는 인재의 등용을 완전히 부정한 것은 아니다. 무엇보다 에도시대는 300년 가까이 이어졌다. 이만큼 장기 집권을 유지할 수 있었던 것은 그 시대마다 유능한 지도자와 보좌진들이 나타나 개혁을 단행했기 때문이다.

대외적으로는 쇄국정책을 펼치고, 국내적으로는 막번 체제를 이용해 안정된 체제를 이루었던 에도 막부조차도 우수한 지도자를 필요로 했다. 우리는 이 사실을 잊어서는 안 된다.

위기나 변혁기에 우수한 리더를 가지지 못한다면, 그 국가와 체제는 멸망할 수밖에 없다. 이것이 역사의 법칙이다.

지도자의 조건

그렇다면 대체 '우수한 리더'란 어떤 자질을 갖춘 사람을 뜻하는 것일까.

동서고금을 통틀어 다양한 사람들이 리더론을 이야기해 왔지만, 나 나름대로 '리더란 무엇인가'에 대한 정의를 내려 보면, 다음과 같은 말로 집약할 수 있지 않을까 생각한다.

즉, 리더란 자신의 목표를 명확히 내걸고, 스스로 결단을 내리고, 책임지고 실행할 수 있는 인물이다.

집단 속에서 사람들을 이끌어가기 위해서는 제일 먼저 자신이 리더로서 무엇을 하고 싶은지, 어떤 사회나 조직을 만들고 싶은지에 대한 구체적인 목표나 뜻을 가지고 있어야 한다.

‘모두가 행복한 사회’, ‘지구를 보호하는 사회’ 등의 아름다운 슬로건을 내세우는 것은 쉬운 일이다.

하지만 사회 구성원 모두가 평등하게 행복해지는 사회는 현실적으로 불가능하다. 일찍이 그러한 사회의 실현을 목표로 내걸었던 사회주의가 ‘커다란 실패’를 맛보고 끝났던 것은 새삼 지적할 필요도 없을 것이다.

또한 ‘지구를 보호하는 사회’ 역시 마찬가지다. 인간은 생활하다 보면 크든 작든 환경을 오염시킬 수밖에 없다. 우리의 문명 생활은 지구 환경의 희생 없이는 불가능하다. 이것 역시 현실이다.

‘일이란 모두에게 다 좋게 할 수 없는 법이다’라는 말대로, 현실 세계에서는 ‘모범답안’ 같은 것은 없다. 무언가를 선택한다는 것은 무언가를 버린다는 것이다.

그러한 현실과 이상의 싸움 속에서 뜻을 버리지 않는 자만이 리더가 될 수 있다. 꿈이나 이상 속으로 도피하거나, 혹은 무거운 현실과 타협하지 않고 내일의 비전을 가질 수 있는 사람만이 진정한 리더가 될 수 있다.

또한 동시에 자신이 만들고 싶은 사회, 조직의 비전을 구체적인 말로 사람들에게 당당하게 이야기하며 그 필요성을 호소하는 것도 필요하다. 사람들을 설득하고, 움직이지 못한다면 아무리 훌륭한 비전을 가지고 있어도 아무 의미 없다.

리더는 학자나 평론가와는 다르기 때문에 스스로 비전을 현실로 만들기 위해 행동으로 실천해야 한다.

그때 중요한 것은 타인에게 책임을 전가하지 않고 스스로 결단을 내리고, 그 결과에 대해 책임을 지는 것이다.

리더를 양성하지 못하는 일본 사회

지금까지 거듭 이야기한 것처럼, 일본형 컨센서스 사회에서는 무슨 일이든 합의에 의한 전원 일치를 바람직한 형태로 여겼고, 리더의 단독 행동은 꺼리는 경향이 있다.

리더의 폭주를 방지하는 차원에서 합의제는 분명히 유효하다. 하지만 한편으로 합의제는 '누가 최종 책임자인가'라는 문제를 불분명하게 만든다. '모두 함께 정했다'는 것은 결국 '아무도 책임지지 않는다'는 말이다. 나는 이것이 일본형 컨센서스 사회의 한계라고 생각한다.

위기나 파국에 직면했을 때, 무엇보다 필요시 되는 것은 신속한 결단이다. 꾸물거리며 합의에 시간을 들이는 일본적인 '사전 조율'을 하는 동안 위기는 더욱 심각해진다. 태평성대라면 그런 논의도 분명 플러스가 되겠지만, 현대 일본에 그런 여유는 없다.

또한 누가 최종 책임자인지 명확히 하지 않으면 실패했을 때 책임 소재가 불분명해진다. 또한 철저한 원인 규명도 할 수 없다. 이래서는 개혁이 성공할 수 없다.

역시 리더 스스로 책임지고 결단을 내리는 것 이외에 다른 길은 없다.

일본 언론은 정치가가 스스로의 신념의 기초해 결단을 내리고 행동하면, 깊게 생각하지 않고 '독단적인 행동'이나 '원맨'이라고 비판하지만, 그들은 현대는 민주주의 사회라는 것을 잊고 있는 모양이다.

리더를 선택하는 것은 어디까지나 국민이고, 또한 결과를 내지 못했던 리더를 권력의 자리에서 끌어내리는 것 역시 국민만이 할 수 있다. 국민이 선택한 리더라면 일단 그 인물에게 맡겨 보고, 그래도 결과가 나오지 않는다면 그때 그만두게 하면 된다. 그것이 바로 민주주의다.

하지만 일본 언론은 마치 민주주의를 믿지 않는 듯, '리더 없애기'에 혈안이 되어 있다. 일본에서 리더를 양성하기 힘든 이유 가운데는 이러한 언론 시스템도 크게 관련되어 있다.

뜻을 가지지 않은 자는 리더가 되어선 안 된다

자, 이상이 '리더란 무엇인가'에 대한 내 나름대로의 정의다. 그럼 우수한 리더에게 요구되는 자질이란 무엇일까. 그에 대해서는 개별적으로 이야기해 보고자 한다.

앞서 했던 이야기와도 중복되지만, 내가 첫째로 들고 싶은 '리더의 자질'이란 바로 '뜻'을 가지고 있느냐는 점이다.

뜻이란 비전, 꿈, 혹은 이상이라고도 할 수 있다.

국가든 기업이든 나아가서는 가정이든 모두 마찬가지지만,

집단을 이끄는 리더에게 요구되는 것은 '자신이 정상에 서서 어떤 사회를 만들고 싶은가'라는 비전을 가지는 것이다.

반대로 말하자면 뜻이나 비전을 가지지 않은 사람은 리더가 될 자격이 없다. 그런 사람이 정상에 서면 괜히 권력을 휘두르기만 하는 존재가 된다.

일본인은 리더=독재자라고 생각하는 경향이 있는데, 그것은 '가짜 리더'에 지나지 않는다.

진정한 리더란 자신이 속한 집단을 어떻게 행복하게 만드느냐를 생각하고 실행하는 책무를 부여받은 인물이고, 그런 중대한 임무 때문에 권력을 부여받은 것이다.

즉, '뜻이 없는 이는 리더가 되어서는 안 된다'는 말이다.

그렇기 때문에 나는 국민 모두가 정치가의 공약을 진지하게 들어 주었으면 한다.

정치가의 공약에는 그 인물의 '뜻'이 나타나 있다. 그 후보가 과연 유익하고 구체적인 비전이나 이상을 가지고 있는지, 아니면 입에 발린 말로 미사여구만 늘어놓고 있는지, 그 사실을 꼼꼼하게 검토해 한 표를 행사했으면 한다.

리더를 선택하는 것은 다른 누구도 아닌, 국민 개개인이다. 처음부터 '어차피 공약 같은 건……'이라는 생각을 가진다면, 결국 그 정도의 리더밖에 나오지 않는다. 앞에서도 언급했듯, '어떤 국민도 자신들보다 높은 수준의 리더를 얻을 수는 없다'.

큰 뜻의 중요성

홋카이도대학의 전신인 삿포로농업대학교의 초대 총장을 맡았던 클라크 박사가 졸업생들에게 했던 "소년이여, 야망을 가져라 Boys, Be ambitious"라는 말은 너무나도 유명하다.

이 영어 문장 자체의 해석은 제쳐두고, 나는 클라크 박사가 근대 일본의 미래를 짊어질 젊은이들에게 뜻과 꿈의 중요성을 설파한 것이라 생각한다.

반복해서 언급하지만, 큰 뜻이란 정치가에게만 요구되는 것이 아니다. 사회의 어떤 분야든 뜻이나 꿈을 가지고 일을 해 나가는 것은 무척 중요한 일이다.

일이란 단순히 돈을 벌기 위해서 하는 것이 아니다.

자신에게 주어진 일을 통해 주위 사람들을 조금이라도 행복하게 하고, 자신이 속한 사회를 조금이라도 개선하고 싶다는 그런 바람으로 일하는 것이야말로 진정한 삶의 보람이라 할 수 있을 것이다. 그렇기 때문에 어떤 직업이든지 뜻은 필요하다고 생각한다.

현대 일본에서 '큰 뜻'이라는 단어는 그다지 자주 쓰이지 않지만, 나에게는 클라크 박사와 마찬가지로 일본의 젊은이들 개개인이 큰 뜻을 가진 사람이 되어 주었으면 하는 바람이 있다.

일본을 되살리기 위해서는 일부 리더의 노력만으로는 불충분하다. 국민 개개인이 각자 높은 뜻을 가지고 살아가는 것. 다른 말로 표현하면, 각자의 일터에서 리더라는 생각을 가지고 일하는 것. 나는 그것이야말로 일본이 더욱 좋은 나라가 되기 위한 조건이라 믿는다.

가치관이 부재하는 현대 일본

리더에게 요구되는 자질 중 두 번째로 들고 싶은 것은 자립된 인간, 주체성을 가진 인간이란 항목이다.

더 쉬운 말로 풀자면, 자기 자신의 가치관을 가지고 타인의 의견에 미혹되지 않고 매사를 자신의 생각으로 판단할 수 있는 자질이다.

'주체성을 가진 인간'이라고 말하면, 대다수의 사람들은 그런 건 인간으로서 당연한 게 아니냐고 할지도 모른다.

미신이나 전통이 성행하던 중세와 달리, 현대인은 충분한 교육을 받았고, 판단의 근거가 되는 정보도 손쉽게 얻을 수 있다. 이것은 리더의 자질로 일부러 거론할 만한 조건은 아니라고 생각하는 것이다.

과연 그럴까? 오늘의 일본을 보고 있으면, 무척이나 걱정스러운 마음이 든다.

학자나 평론가들 중에는 전후 일본에 대해 '정부나 군이 천황 숭배를 강요했던 전전과는 달리, 전후 일본인은 다양한 가치관을 가지고 있다. 이것은 민주주의 교육 덕분이다'라고 말하는 사람도 있다.

나는 이 의견에 정면으로 반대한다.

전후 일본의 상황을 살펴보면 가치관이 다양화되었다고는 할 수 없을 것이다. 오히려 가치관의 상실이라 불러야 할 상황이 사회의 이곳저곳에서 일어나고 있다.

정치가나 경영자들조차 자신의 가치 판단의 기준, 신념 없이 주위 상황과 남의 의견에 쉽게 휩쓸려 버린다. 나는 이것이 지금 일본의 최대 문제점이라 생각한다.

맨션 내진 위장 문제와 라이브도어 사건

몇 년 전 일본을 들썩이게 만든 맨션 내진 데이터 위조[1] 문제 역시 마찬가지다. 본디 건축 전문가로서 보다 좋은 품질의 맨션을 짓는 것이 건축가, 건설회사, 개발업자의 본분이자 자긍심일 것이다.

하지만 이들은 건설 관계자로서 절대로 범해서 안 될 금기를 깨고, 눈앞의 이익만을 위해 태연히 철근 양을 줄였다. 일본은 세계에서 가장 오래된 목조 건축물인 호류지 이래로 세계적으로 우수한 건설 기술의 전통을 유지해온 국가다. 그런 일본의 건설업계에서 이러한 도덕성이 결여된 범죄가 일어났다는 것은 일본 전체에서 가치관이 상실되고 있다는 것을 증명하는 것이다.

---

1 2005년 11월에 국토교통성이 지바현의 한 건축사가 지진 등에 대한 안전성의 계산을 기록한 구조계산서를 위조했다는 사실을 공표하면서 시작된 일련의 사건.

라이브도어 사건[2] 역시 마찬가지다.

경영자로서 자신의 회사를 더욱 번영시키고, 더욱 확장하고 싶다고 바라는 것은 당연지사다. 하지만 그 목적을 달성하기 위해 법망을 빠져나가도 된다고 생각한 것이 문제의 원인이다. 용의자 호리에는 경영자로서 지켜야 할 최저한의 도덕성조차 더럽히고 말았다. 이 사태에도 현대 일본의 도덕성 상실, 가치관의 상실이 드러나 있다.

새삼 되새길 이유도 없지만, 자유주의 경제의 '자유'란 '무슨 짓을 해도 허용되는 자유'가 아니다.

자유에는 언제나 책임이 뒤따른다. 즉 자유주의 시장이란 매사에 자기 책임이 요구되는 세계라는 뜻이다.

미국의 사례를 보면, 일본에 비해 기업의 경영 활동에 대한 국가의 간섭이 훨씬 적다. 그 대신 결함 상품 등을 만들어 소비자에게 피해를 주었을 경우, 몇 십억 달러의 배상금을 물게 된다. 이게 바로 '자유의 대가'라는 것이다.

그러나 유감이지만 라이브도어의 호리에 전 사장은 '자유에는 책임이 뒤따른다'라는 개념을 전혀 이해하지 못한 것 같다.

이렇게 다양한 정보가 맹렬한 기세로 쏟아지는 현대 사회에서

---

2 인터넷, 미디어 관련 기업인 라이브도어가 2004년 9월 결산보고로 제출한 유가증권보고서에 허위 사실을 게재, 주가 조작, 분식회계 협의 등에 의한 증권거래법 위반으로 기업과 중역들이 기소되었던 사건. 언론의 과열 보도와 관계자 자살 등으로 사회에 엄청난 파장을 일으켰음.

살아가기 위해서는 무엇보다 타인의 의견이나 시선에 휩쓸리지 않고, 자기 자신의 가치 척도로 사물을 판단하고, 행동하는 것이 중요하다.

그렇지 않으면 맨션 내진 위장 문제나 라이브도어 사건처럼 눈앞의 이익만을 노리고 태연하게 사회의 규칙을 어기는 사건으로 이어진다.

'모난 돌이 정 맞는다'는 말이 나타내듯, 일본 사회에는 주체성을 가지고 자신의 가치관으로 행동하는 사람의 다리를 잡아끌거나 비판하는 풍조가 있다.

그래서 강자나 권력자에게 거스르지 않고 살아가는 것이 옳다고 여겨지기도 하지만, 내가 보기에 그것은 사고나 판단을 방치하는 것이나 마찬가지다.

역시 무엇보다 중요한 것은 자기 안에 확고한 가치관이나 윤리관을 확립하는 것이며, 옳다고 믿는 것을 관철하는 용기를 가져야 한다.

후쿠자와 유키치를 존경하는 이유

그 점에서 내가 존경하는 인물은 후쿠자와 유키치福澤諭吉다.

후쿠자와 유키치는 막말 메이지기를 통틀어 가장 뛰어난 지식인이었다. 아니, 당시 동아시아에서 서양 문명을 가장 잘 이해했던 인물이라 해도 좋을 것이다.

그런 훌륭한 인물이었으니, 마음만 먹으면 언제라도 유신 정부에서 입신출세할 수 있었을 것이다. 실제로 정부 측은 몇 번이나 후쿠자와를 기용하려 하기도 했다.

하지만 그는 자신의 신념을 가지고 정계로 진출하려 하지 않고, '재야인'으로 남았다.

그의 판단 기준은 어디까지나 '일본 및 아시아 독립과 근대화'였고, 자신의 영달을 목표로 했던 적은 한 번도 없었다. 그의 시선은 언제나 일본인, 그리고 나아가서는 아시아 전체의 미래로 향해 있었다.

그가 창설한 게이오대학은 널리 재야의 인재를 양성하는 것이 목적이었지, 도쿄대처럼 '관료 양성 학교'가 결코 아니었다. 또한 그는 『학문의 권유』를 비롯한 수많은 계몽서를 집필했다. 그의 시선은 항상 일본인 전체를 향해 있었다.

나는 후쿠자와 유키치야말로 진정한 근대인이라 생각한다.

현대 일본에는 후쿠자와 같은 사람이 너무 적다.

오늘날 일본인은 누구나 부자가 되길 원하고, 유명해지길 원하며, 남들에게 존경받길 원한다. 그러한 욕망을 부정할 생각은 없지만, 적어도 세상의 리더가 되려는 사람은 단순한 눈앞의 이익이 아니라 자신의 신념에 따라 행동하는 사람이었으면 한다.

그리고 한 가지 더 덧붙이자면, 이 책에서도 자주 등장하는 사이고 다카모리의 유훈 중에 다음과 같은 말이 있다.

"목숨도 필요 없고, 명예도 필요 없고, 관직도 돈도 필요 없다고 하는 사람은 다루기 힘들다. 하지만 이러한 사람만이 환난을 극복하고 국가의 대업을 이룰 수 있다."

옳으신 말씀이다.

발상력과 선견지명

리더에게 요구되는 자질 중 세 번째는 바로 자기 나름의 비전을 가지기 위해 불가결한 넓은 시야와 선견지명이다.

현대는 사회의 분업화, 전문화가 고도로 진행되는 시대이기 때문에, 레오나르도 다빈치처럼 모든 지식에 통달하기란 불가능하다. 하지만 그렇다고 해서 리더가 될 사람이 자신의 전문 분야에만 정통해서는 안 된다.

물론 자신의 전문 분야가 있는 것은 나쁘지 않다. 하지만 그것만으로 만족하지 않고 사회 전체를 넓은 시야로 둘러보며, 어디에 어떤 문제가 있는지 관심을 가지고 현상에 대해 정확하게 인식하려는 노력이 필요하다.

그것을 위해서는 먼저 직접 현장에 뛰어들어 전문가나 당사자들의 이야기에 귀를 기울이는 재빠른 움직임도 필요하다. 선거에 대해서 언급하면서 이야기했듯, 정치가는 먼저 국민의 목소리를 들어야 한다.

그렇게 '살아있는 지식, 정보'를 얻은 뒤 현상에 얽매이지 말고 '올바른 미래'상을 그리는 능력이 진정한 리더에게 요구된다.

인간은 간혹 '무거운 현실' 때문에 근본 개혁을 회피하고 눈속임식의 개량을 선택하고 싶어 한다.

현실을 알아갈수록 오히려 개혁의 어려움, 문제의 복잡함이 눈에 띈다. 그래서 대담한 개혁보다 소규모 개혁을 선택하려 한다. 하지만 그러한 개혁은 단순히 문제의 해결을 뒤로 미루는 것에 지나지 않는다.

물론 현실을 무시한 관념론이 되어서는 안 되겠지만, 진정한 리더에게는 현실을 숙지한 뒤, 현상의 문제점, 그리고 그것을 근본적으로 해결하기 위한 발상력과 선견지명이 필요하다.

'앞선 시대'를 내다 본 료마

그런 면에서 내가 존경하는 인물은 바로 사카모토 료마다.

막말에 존황양이 운동이 일어났을 때, 대다수의 사람들은 막부에 불만을 가지면서도 타도 막부라는 과격한 혁명까지 이르지 못했다. 막부를 쓰러뜨릴 수 있다 해도 그 후에 처리해야 할 내정, 외교 문제 때문에 쉽게 혁명을 일으킬 수 없었던 것이다.

그래서 등장한 것이 바로 '공무합체', 즉 막부와 조정이 협력한다는 이른바 눈 가리고 아웅식의 타협안이었다. 당초 많은 지사들은 이 공무합체의 실현을 모색하고 있었다.

그런 때에 사카모토 료마坂本龍馬는 홀로 '선중팔책船中八策'이라는 새로운 비전을 제출했다.

선중팔책이란 새로운 국가 구상이다. 그는 막부의 대정봉환大政奉還, 그 후의 의회 설치 등 당시 일본에는 아무도 상상하지 못했던 미래상을 구체적으로 제시했다.

처음으로 료마의 선중팔책을 들었던 고토 쇼지로(유신지사, 료마와 같은 도사번 출신)는 분명 간담이 서늘해졌을 것이다. 그만큼 료마의 비전은 당시 사람들의 문제의식을 뛰어넘은 것이었다.

그리고 메이지유신은 그가 그린 시나리오대로 진행되었다. 소수의 지사들만이 '타도 막부'라는 말을 사용했던 그 시절에, 그보다 더 앞날을 내다보고 구체적인 비전까지 제시한 료마야말로 진정한 리더라 불릴 만한 인물일 것이다.

리더에게 일임하는 것의 중요성

리더에게 요구되는 자질 중 네 번째는 바로 '자신의 언행에 책임을 지는 것'이다.

애초에 리더가 사람들로부터 권력을 위임받은 것은, 그가 훌륭해서도, 실력이 있어서도 아니다.

자신이 최종적으로 책임을 지겠다는 각오를 나타내고, 자신의 결단이 잘못되었을 때는 순순히 물러나겠다는 자세를 보여줘야 비로소 사람들은 그 인물에게 권력을 위임하려 한다. 그것이 바로 근대 사회의 리더의 자세라 할 수 있을 것이다. 리더가 되고자 하는 사람은 이 사실을 결코 잊어서는 안 된다.

앞에서도 언급했지만, 전후 일본은 사회 전체가 '무책임 체제'라 불러야 할 상황에 처해 있었다. 서로 의지하고 담합하는 것이 당연시되는 일본식 컨센서스 사회에서는 최종 책임자의 소재가 불분명한 채로 일이 진행된다. 좋게 말하자면 '전체의 뜻'이지만, 요컨대 아무도 책임을 지지 않는 것이 일본식 정치이자 일본식 경영이다. 즉, 그곳에 진정한 '리더'는 존재하지 않는다.

전원 일치를 지향하는 일본식 방식은 만사가 순조롭게 진행될 때는 별 문제를 일으키지 않지만, 개혁이 요구되는 상황이 닥치면 오히려 폐해를 불러일으킬 뿐이다. 어떤 개혁이든 그에 의해 기득권을 잃는 사람은 반드시 나오게 되어 있다. 전원 일치 방식으로는 절대로 개혁을 성공시킬 수 없다.

역시 리더가 '최종 책임은 자신에게 있다'는 생각을 가지고 단호하게 개혁을 실행해 내는 수밖에 없다.

물론 리더를 선택한 이상, 국민들도 리더에게 맡겨둘 각오가 필요하다.

직접 리더를 선택했으면서, 아직 개혁에 착수하지도 않은 상황에서 이것저것 이유를 달아 끌어 내리려는 것이 바로 일본인, 일본 언론의 나쁜 버릇이다. 그것은 자기 손으로 미래의 가능성을 없애 버리는 것이나 마찬가지다.

미국 언론에는 새로운 대통령이 선출되면 처음 1년 동안은 그 정책을 비판하지 않는 불문율이 있다고 들었다.

선거를 거쳐 선출된 대통령인 이상, 그 정책은 국민의 지지를 얻은 것이고, 곧바로 새로운 정책의 옳고 그름을 판정할 수도 없다. 그래서 처음 1년 동안은 일단 관망해 보는 것이다. 이러한 미국 언론의 자세를 일본 언론들도 보고 배웠으면 한다.

물론 국민이 선택한 리더가 공약을 실행하지 않거나, 혹은 공약대로 했어도 예상된 결과를 내지 못했다면 언론의 비판을 받는 것은 당연하다.

하지만 일단 리더로 선택했다면, 우선은 리더에게 일임하겠다는 자세를 취하는 것이 진정한 민주주의라 생각한다.

'V자 개혁'이 성공한 이유

그런 면에서 나는 닛산자동차를 다시 일으켜 세운 카를로스 곤 씨에게 감탄을 금치 못한다.

2001년, 닛산자동차의 사장으로 취임한 곤 씨는 대담한 '닛산 리바이벌 플랜'을 발표하고, 만일 이 계획이 2년 후에 결실을 맺지 못한다면 사장 자리에서 물러날 것을 선언했다. 즉, 이 2년 동안에는 자신의 생각대로 따라와 달라는 것이다. 그 대신 결과를 내지 못하면 책임지고 물러나겠다는 뜻을 밝힌 것이다.

이 리바이벌 플랜에 의해 곤 씨는 닛산자동차의 경영 상태를 'V자 회복'시켰다. 곤 씨도 훌륭한 분이지만, 동시에 그의 계획을 지지하고 실행에 옮긴 닛산 경영진과 사원들도 훌륭하다고 생각한다.

일본의 조직에서는 설령 리더가 혁신적인 아이디어나 계획을 내놓아도, 내부에서 비판이 일어나 그 내용이 점점 흐릿해지고, 결국에는 '누구나 납득할 수 있는 타협적인 계획'으로 바뀌기 쉽다.

하지만 닛산은 그렇게 되지 않았다.

그것은 곤 씨 자신의 강한 의지와 리더십, 동시에 그러한 곤 씨의 결단을 지지한 닛산의 경영진이나 사원의 높은 견식이 이룩한 결과물일 것이다. 그것이 없었다면 그렇게 급진적인 개혁은 이루어지지 못했을 것이다.

곤 씨의 경영 수법에 대해 '그 정도로 경비를 삭감하고, 공장을 폐쇄하면 누구나 경영 상태를 회복시킬 수 있을 것이다'라는 비판의 목소리도 있었다고 한다.

하지만 그렇다면 왜 다른 회사에서도 닛산과 같은 V자 회복이 실현되지 못하는 것일까? 왜 닛산자동차만이 성공한 것일까.

다른 회사에서는 '잘못될 경우 자신이 책임지겠다'고 선언하는 리더가 없을 뿐더러, 그러한 리더가 되겠다고 나서는 사람도 없었기 때문이다.

일본인들은 이 사실을 똑똑히 파악해야 한다.

누가 개혁을 망치는가. 그것은 일본인 전체의 문제가 아닐까. 나는 그렇게 생각한다.

역사에서 배운다

마지막으로, 리더에게 요구되는 자질로서 들고 싶은 것은 바로 역사관이다.

이것은 나 자신이 역사에 관심을 가지고, 어떤 문제에 대해서도 과거 역사 속에서 힌트를 찾고, 거기서 해결책이나 대응책을 생각하는 습관을 가지고 있기 때문이기도 하다.

하지만 인간의 역사를 돌이켜 생각해 보면, 과학기술, 특히 전쟁 기술은 발전해 왔을지도 모르지만, 기본적인 인간의 성질, 성향은 유사 이래로 전혀 진보하지 않았다. 역사를 되돌아보면, 동서고금을 막론하고 인간이 몇 번이고 같은 실수를 반복하고 있다는 사실을 잘 알 수 있다. 이것이 슬픈 현실이다.

하지만 우리 인간은 기본적으로 진보하지 않을지 모르지만, 과거의 실수에서 교훈을 얻을 수 있다.

그렇기 때문에 역사를 배우는 것은 의미 있는 일이며, 또한 리더에게 있어서는 필수 교양이라 할 수 있을 것이다.

다행히도 일본에서는 일본 역사뿐만 아니라 다양한 나라나 지역의 역사서를 입수할 수 있다. 어려운 책이 싫은 사람은 역사소설을 읽으면 된다. 굳이 시바 료타로 씨를 거론하지 않아도, 일본 역사소설 작가 중에는 어설픈 역사학자보다 더욱 조예가 깊은 사람이 셀 수 없을 정도로 많다.

서양사에서는 시오노 나나미 씨가 쓴 르네상스 이야기와 『로

마인 이야기』를 읽으면 '리더란 무엇인가', '국가란 무엇인가'에 대해 참고할 수 있을 거라 생각한다.

다이쇼 데모크라시와 전후 일본

현재 일어나고 있는 일들의 본질을 꿰뚫어보고, 어디에 문제가 있으며 어떻게 해결할 수 있는지 알기 위해서는 자신의 머리로 생각하기보다 과거의 역사에서 배우는 것이 훨씬 구체적이고, 힌트도 많이 얻을 수 있다. 꼭 역사 전문가가 될 필요는 없지만, 역사를 알고 자기 나름대로의 역사관을 가지는 것은 중요한 일이다.

오늘날 일본이 직면하고 있는 여러 문제들 중에는 과거에도 그 예를 찾아볼 수 있는 것들이 있다.

이것은 여러 학자들도 지적한 것이지만, 현재 일본이 처한 상황은 다이쇼 말기의 일본과 무척 비슷하다.

근대 일본은 메이지유신을 기점으로 시작되었다. 이 대혁명의 중심이 된 것은 수십 명 남짓한 젊은이들이었지만, 그중에서 사이고 다카모리와 오쿠보 도시미치, 이토 히로부미 등 우수한 리더들이 쏟아져 나왔다.

학자 중에는 메이지유신에 대해 '단순한 무사 계급 내에서의 권력 이동'이라고 말하는 사람도 있지만, 그것은 말도 안 되는 소리다. 메이지 리더들은 에도시대의 기득권층인 무사의 특권을 폐지하고 과거 주인으로 섬겼던 번주에게서 영지를 빼앗아 사민평등

의 근대 사회를 이룩했다. 또한 그와 동시에 경제적으로도 자유시
장경제 체제를 확립했다.

그들은 유럽인들이 수세기에 걸쳐 이룩한 시민 혁명과 민주주
의 혁명을 불과 십 수년 사이에 실현시켰고, 이것은 '세계사적으로
도 유래가 없는' 혁명으로 해외에서도 높은 평가를 받았다.

하지만 그 뒤로 불과 반세기도 지나지 않아, 일본은 태평성대
에 물들어 못 쓰게 되어 버렸다.

1914년에 시작된 1차 세계대전에서 유럽 대륙의 전쟁 특수로
일본 경제는 거품처럼 부풀었지만, 그것은 눈 깜짝할 사이에 터져
버렸다. 그리고 간토대지진이 결정타를 가하면서 불황은 더욱더
심각해졌다.

다이쇼시대에 들어 급속이 악화된 것은 비단 경제뿐만이 아니
다.

메이지 리더들이 차례로 타계하고, 불황에 돌입하자 정치가
전혀 제 기능을 다하지 못하게 되었다. 그리고 국제사회를 파악할
능력이 없는 군인과 관료, 언론이 한통속이 되어 국민을 비참하고
무모한 전쟁으로 이끌었다.

이렇게 돌이켜 보면, 현재 일본과 다이쇼 버블 이후의 일본은
공통점이 많다는 지식인들의 지적에 일리가 있다는 사실을 알 수
있을 것이다. 버블 경제의 붕괴, 대지진, 그리고 관료 정치의 폐
해……. 이렇게 하나하나 늘어놓고 보면, 단순한 우연의 일치가
아니라는 것이 실감이 간다.

하라 다카시의 '예언'

이러한 공통점 중에서도 내가 무엇보다 우려하는 것은 '리더십의 부재'란 점이다.

내가 존경하는 정치가 중에 하라 다카시原敬가 있다. 하라는 이른바 '다이쇼 데모크라시'의 흐름 속에서 작위를 가지지 않은 평민으로서 처음 총리대신의 자리에 오른 인물로, 정당 정치의 확립에 크게 공헌한 사람이다.

하라는 나와 동향인 이와테 출신의 정치가라 더욱 친근한데, 만일 이 사람이 1921년에 도쿄역에서 암살당하지 않았다면 다이쇼 데모크라시는 용두사미로 끝나지 않았을 것이고, 결국 군인이나 관료가 대두하는 사태도 피할 수 있었을지 모른다. 근대 일본의 역사가 크게 변화했을지도 모른다는 아쉬움마저 든다.

하라는 그 정도로 다이쇼시대의 걸출한 리더 중 한 사람이다. 그런 하라의 일기에 이런 말이 있다.

"야마가타 아리토모가 살아있는 한, 미일전쟁은 일어나지 않을 것이다."

메이지시대의 리더 중에 육군 수장이었던 야마가타 아리토모에 대한 평가는 그리 높지 않다. 오쿠보나 사이고는 물론, 이토 히로부미에 비해서도 격이 떨어진다는 인상을 준다. 또한 야마가타는 '국익보다 육군의 이익을 우선시했다'는 비판을 받고 있기도 하다.

하지만 하라는 야마가타가 살아있는 한 일본이 미국과 무모한 전쟁을 벌이지는 않을 것이라고 생각한 것이다.

하라의 시선에서 보면 그 야마가타조차 넓은 안목으로 일본을 살피는 역량을 가진 우수한 리더였던 셈이니, 오쿠보나 이토가 얼마나 굉장한지는 말할 필요도 없을 것이리라.

아무튼 이 일기를 쓴 하라가 암살당해 세상을 떠난 다음해, 야마가타 아리토모 역시 숨을 거둔다. 두 지도자를 잃은 일본은 불과 24년 후에 전쟁에서 패하고, 망국의 위기를 맞이하게 된다. 이 경우를 보면 리더십의 결여가 얼마나 국가를, 그리고 국민을 불행하게 만드는지 알 수 있을 것이다.

앞에서도 언급했듯, 리더란 사람들에게 구체적인 비전을 제시하고 스스로의 판단과 책임으로 행동하는 사람을 가리킨다. 그 책무는 결코 쉬운 것이 아니다.

하지만 그러한 리더가 앞으로 일본에 나타나지 않는 한 일본의 미래는 없다. 부디 젊은이들 가운데서 '새로운 일본'을 짊어질 리더가 나타나기를 진심으로 바란다.

5장

21세기, 일본의 외교

외교가 부재하는 나라

이 책에서 계속 반복해서 언급했듯, 미소 냉전 붕괴 이후 일본은
과거와는 전혀 다른 상황에 처하게 되었다.

'미국의 우산' 아래에서 보호받고 있던 일본은 외교나 방위
등 국가 중대사를 스스로 생각하고 결단할 필요가 없었다. 모든
것은 미국이 대신 해결해 준 것이나 마찬가지였고, 일본은 그 레일
위를 걷기만 하면 됐다.

하지만 그러한 시대는 이미 과거로 흘러갔다.

냉전의 종결로 동서 양 진영으로 나뉘었던 국가들은 지금 개
별적으로 독자성을 발휘하고 있고, 각자의 이해를 주장하는 시대
가 되었다. 광우병 문제에서 알 수 있듯 일본의 동맹국인 미국조차
도 자국의 이해관계가 얽힌 자리에서는 일본에 갖가지 요구를 하
고 있다.

이러한 상황 속에서 일본은 '자신의 다리'로 서서 '자신의 머리'로 생각하고 결단해야 하지만, 유감스럽게도 지금 일본이 그런 상태에 있지는 않은 것 같다.

애초에 일본은 역사적으로도 섬나라라는 지리적 조건 때문에 외교다운 외교를 거의 해본 적이 없는 국가였다. 에도시대에는 300년에 걸쳐 쇄국정책을 펼쳤기 때문에 더더욱 외교 경험이 빈약한 국가가 되었다.

근대에 들어서 일본은 서양의 여러 국가들과 외교 관계를 맺게 되었다. 메이지유신의 공신들이 건재하던 동안은 문제가 없었지만, 그들이 세상을 떠나자마자 곧바로 이전 상태로 돌아와 버렸다. 그리고 쇼와시대에 들어서 국제 문제 처리가 불가능해진 결과, 전쟁에 돌입하게 된 것이다.

이러한 역사적 사정에 더해, 전후 반세기에 걸쳐 사고 정지 상태가 이어졌으니, 현재 일본이 외교가 부재하는 국가가 된 것도 당연한 결과라 할 수 있을 것이다.

신념이 존재하지 않는 대미 외교

현재 일본이 안고 있는 최대의 외교 문제는 역시 대미 관계, 즉 미국이 벌이고 있는 '테러와의 전쟁'에 대한 대응일 것이다. 자민당 정부는 아무 원칙도, 신념도 없이 그저 미국을 추종하면 된다는, 이 또한 사고 정지라고밖에 할 수 없는 외교를 계속해 왔다.

말 그대로 외교가 부재하는 국가인 것이다.

먼저 말해 두지만, 나는 일본 외교에서 제일 중요한 것은 미일 관계라 생각한다.

일본과 같은 정치 체제, 경제 체제를 가진데다, 오랜 역사적 관계를 맺은 양국이 긴밀한 관계에 있는 것은 세계 평화에 있어서도, 또한 일본의 번영과 안전을 위해서도 필요 불가결한 일이다.

하지만 그렇다고 해서 현재처럼 미국의 비위만 맞추면 된다는 태도를 취하는 것은 결코 진정한 동맹국의 자세라 할 수 없을 것이다.

그와 동시에 자민당 정부의 속내와는 달리, 지금까지 자민당의 외교 방식은 미국에서도 좋은 평가를 받지 못했다는 사실을 깨달아야 한다.

본디 동맹이란 쌍방의 신뢰에 기초한 대등한 관계여야 한다. 하지만 자민당 정부의 자세는 결코 그렇다고 할 수 없었다. 이대로는 미일동맹이란 이름이 부끄러울 뿐이고, 국제사회 전체적으로도 바람직하다고 할 수 없다.

여러분들도 아시다시피, 미국은 2001년의 아프간전쟁, 그리고 2003년의 이라크전쟁을 벌일 때 '이것은 미국의 전쟁이다'라고 선포하며 국제사회의 동의를 얻지 않고 전쟁을 개시했다.

이에 비해 일본 정부는 그 즉시, '미국을 지지한다'는 성명을 발표하고 '부흥 지원 활동'이라는 명목으로 이라크에 일본 자위대를 파병했지만 결국 미국은 국제사회로부터 '이라크전쟁의 대의가 과연 존재했는가'라는 의혹의 눈초리를 받았다.

나는 자민당 정부가 유엔 결의를 기다리지 않고 미국 지지를 표명한 것을 일방적으로 비판하려는 것이 아니다.

국제사회 전체가 미국의 방식을 지지하지 않더라도, 일본의 국익이나 세계 평화적인 관점에서 동맹국으로서 미국을 지지하기로 판단을 내렸다면, 그것은 국가로서의 행위이자 하나의 외교 정책이라 할 수 있다.

하지만 그 행위에 과연 견식이나 사상이 존재했을까? 혹은 국익에 기초한 판단이 존재했을까?

나는 그 결정에 그러한 판단이 존재했다고 보지 않는다.

게다가 한편으로는 아프간 부흥과 치안 유지를 위해 유엔이 각국에 병력을 요청해 평화유지군을 아프간에 파견했을 때, 자민당 정부는 위험하다는 이유를 들어 참가를 거절했다.

'임시변통'적인 허술한 정책

애초에 자위대는 분명히 군대이며, 군대를 자국의 영토 밖으로 파견하는 행위는 무척 중대한 의미를 가진다.

일본 정부가 아무리 억지 논리를 펼치며 이라크에 자위대를 파병해도, 국제사회가 그대로 받아들일 리 없다. '일본은 미국의 전쟁을 이용해 다시 해외로 군대를 파병하기 위한 기정사실을 만들려 한다'는 일부 국가들로부터 충분히 의심을 받을 만한 행위다.

자위대를 파견하려면 먼저 일본의 입장과 방침을 명확하게 설명하고 그러한 틀 안에서 행동해야지, '그때그때 상황에 맞춰 대응하는' 것은 국가의 대응으로는 하책이라 할 수 있다.

더군다나 자위대의 해외 파병은 예전부터 평화헌법 제9조 규정에 저촉되는 것이 아니냐는 우려가 끊이지 않았던 사안이다.

미국과 연계해 대 테러 전쟁에 참가하기로 했으면, 기존의 헌법 해석을 변경하여 자국의 안전과 직접 관계가 없는 사태에도 미일동맹에 기초해 미국과 집단적 자위권의 행사가 가능하도록 정식으로 결정한 뒤 당당하게 자위대를 파병했어야 한다.

하지만 고이즈미 수상은 그러한 헌법 논의는 전혀 언급하지 않은 채, 법적 근거도 미약한 이라크 파병을 억지로 결정했다.

그렇게 하면 미국에게 좋은 평가를 얻을 수 있다고 생각했을지 모르지만, 결코 그런 일은 일어나지 않는다. 미국은 바보가 아니다. 그때그때 상황을 타개하기 위해 속이 다 들여다보이는 궁여지책을 취하는 데 기뻐할 사람이 어디 있겠는가. 이래서는 미일동맹이 발전하기는커녕, 오히려 악영향을 끼치지나 않을까 걱정이다.

야스쿠니신사 참배의 문제점

이와 같은 현상은 대중 외교, 대한 외교에서도 나타나고 있다.

고이즈미 수상이 취임 후 야스쿠니신사 참배를 반복하며, 그

때마다 중국과 한국의 반발과 항의를 샀던 것은 모두가 아는 사실이다.

수상은 이 야스쿠니 참배에 대해 '정치가의 신념' 혹은 '전쟁 반대의 결의를 담아 기원하고 있다'라고 표현했지만, 그러한 정치적 신념에 기초한 것이라면 당당하게 야스쿠니 참배를 가면 될 일이다.

하지만 실제로는 취임 전에 공언했던 '8월 15일 참배'를 실행하지 않았을 뿐더러, 참배하러 갔을 때에도 본전에는 들어가지 않고 '내각총리대신 고이즈미 준이치로'라는 기록을 남기지 않은 채 신사 앞에서 합장만 했을 뿐이다.

즉, 어디까지나 수상으로서의 공식 참배가 아니라, 개인으로서의 신앙 활동이란 것을 어필하며 아시아 국가들과 국내의 반발을 회피하려 한 것이다.

중국이나 한국의 비판에 동조할 생각은 없지만, 수상의 이러한 행위는 현상 회피에만 급급한 방법이며, 정치가로서의 소양이 의심스러운 행동이라 생각한다. 야스쿠니에 참배하는 것이 자신의 신념이라면, 그것을 분명히 설명하는 것이 오히려 일본을 위한 행동일 것이다.

자신의 신념을 당당하게 이야기하라

나는 1년에 한 번, 일반 참가자들과 함께 중국 지도부와 인민대회당에서 회식, 간담회를 가지거나, 베이징 시내와 만리장성을 견학하는 '장성 계획'이란 이름의 교류 사업을 실시하고 있다. 이는 중일국교회복을 이룩한 다나카 가쿠에이 전 수상의 '양국의 우호와 친선을 위해서는 민간 교류가 중요하다'는 정신을 이어받아 자민당에 몸담았던 1986년부터 매년 계속된 사업이다.

그 때문에 나는 지금껏 몇 번이나 중국 지도자들과 회담을 가졌고, 가끔씩 야스쿠니 문제가 화제에 오른 적도 있었다.

물론 중국 측에서는 야스쿠니신사의 존재 자체를 불쾌하게 여기고 있지만, 나는 그때마다 자신의 신념을 분명히 밝히고 있다.

"어느 나라든 자국을 위해 목숨을 바친 국민에게 경의를 표하는 것은 당연한 일이다. 우리나라(일본)에서는 야스쿠니신사가 그러한 역할을 담당하고 있으며, 일본인이 그곳을 찾아 감사의 뜻을 표하는 것에 다른 나라들이 이러쿵저러쿵할 이유는 없다."

"나는 전쟁의 승자가 패자를 재판한 '전범'이란 개념을 좋게 평가하지 않지만, 야스쿠니신사에 A급 전범들이 합사되어 있는 것은 문제라고 생각한다. 왜냐면 야스쿠니신사는 전사한 사람들을 추모하는 곳이고, 전범들은 전사자가 아니기 때문이다. 이 문제만 깨끗하게 처리하면, 나는 수상이 야스쿠니신사를 찾아가 참배하는 것에 전혀 문제가 없다고 생각한다."

조금 더 보충하자면, 실제로 A급 전범이라 불리는 사람들이 합사되기 전까지 몇 년마다 천황은 야스쿠니를 찾아 참배해 왔고,

국제적으로도 전혀 문제가 되지 않았다. 문제의 본질은 어디까지나 전범 합사에 있다.

아무튼 나는 이렇게 중국 지도자들에게 다양한 문제에 관해 당당하게 자신의 신념을 명확히 설명하지만, 그 때문에 회담 분위기가 나빠지거나 회담이 취소된 적은 한 번도 없다.

물론 내 이야기를 듣고 그들이 자신들의 생각을 바꾸지는 않겠지만, '당신의 생각은 잘 알았다'며 이해해 주었다.

2006년 7월의 중국 방문에서도 후진타오 주석을 비롯한 중국 수뇌부와 회담했을 때도 새삼 느꼈지만, 입장의 차이, 역사의 차이, 민족의 차이가 존재한다 해도 스스로의 소신을 당당하게 밝히면 상대는 그것을 존중해 주고, 서로 이해할 수 있는 발판이 된다. 이것은 중국뿐만 아니라 어느 나라를 대할 때나 마찬가지다.

제일 수치스러운 '거짓말쟁이'란 오명

애초에 현재 야스쿠니신사 문제가 불거져 나오는 것은 일본 측의 대응에 문제가 있기 때문이다.

외교의 장에서 '거짓말쟁이'라 불리는 것은 가장 수치스러운 일이다. 일국의 수상이 그런 수치스러운 행위를 저질렀기 때문에 중국이나 한국이 더더욱 분개하는 것이다.

이 사실은 그다지 알려지지 않은 것 같으니 사건의 전말을 간략하게 짚고 넘어가겠다.

2004년 11월에 칠레 산티아고에서 있었던 중일 정상회담에서 후진타오 주석이 야스쿠니 참배를 보류해 달라고 요청했을 때, 고이즈미 수상은 '알았다. 적절하게 대처하겠다'라고 답했다.

이 말을 들은 후진타오 주석은 고이즈미 수상이 자신의 뜻을 이해한 것이라 생각하고, 그 후에도 다양한 통로를 통해 야스쿠니 참배를 그만둬 달라는 뜻을 전해왔다.

하지만 고이즈미 수상은 2005년 11월에 야스쿠니신사를 참배했다.

이러니 중국 측에서 '고이즈미 수상은 말과 행동이 다른 사람이다'라는 불신감을 가지는 것도 당연하다.

일국의 수상에게 임시방편적인 행동은 용납되지 않는다. 수상은 그 자리를 빠져나가기 위해 '적절하게 대처하겠다'고 했을지도 모르지만, 그것은 최악의 선택이다.

참배할 생각이었다면, '주석의 입장은 잘 이해했지만, 나는 일본인의 입장에서 참배할 수밖에 없다'고 당당하게 이야기했어야 한다. 그렇게 하면 중국은 반발했을지 모르지만, 적어도 일국의 지도자로서 제일 수치스러운 '거짓말쟁이'라는 오명을 쓸 일은 없었을 것이다.

일반적인 인간관계와 마찬가지로, 국제관계에서도 거짓말이나 얼버무리기는 우선적으로 피해야 할 행동이다. 진심으로 대화하지 않고 자신의 신념을 이야기하지 않는 사람은 아무도 믿지 않는다.

100달러짜리 수표를 받은 지휘관

다시 자위대 파병 문제로 돌아가자.

과거 이라크가 쿠웨이트를 침공하자, 유엔이 이라크에 대한 무력 사용을 승인하는 결의안을 통과시켰을 때, 나는 세계 평화를 지키기 위해 당연히 일본도 다국적군에 자위대를 참가시켜야 한다고 주장했다. 그것이 국제 협조에 의한 세계 평화 실현을 지향하는 일본국 헌법의 이상에 합치하는 행동이라 생각했기 때문이다.

하지만 나의 주장은 당시 일본 정부와 야당으로부터 맹렬한 반대에 부딪혔고, 결국 135억 달러에 이르는 자금을 원조하는 것에 그쳤다.

그 결과 어떻게 되었는지는 굳이 말할 필요도 없을 것이다. 일본은 전 세계로부터 '땀을 흘리지 않고 무슨 일이든 돈으로 해결하려는 국가'라는 지탄을 받았다. 걸프전 종전 후, 쿠웨이트가 참전국에게 감사 표시를 했을 때도 일본의 이름은 빠져 있었다.

이것은 내가 직접 지휘관 본인에게 들은 이야기다. 걸프전이 끝난 뒤 일본은 페르시아로 기뢰전 함정을 보냈다. 그 함정의 지휘관은 전쟁에 참가한 미군 장교와 이야기를 나눌 기회가 있었다고 한다.

그 자리에서 지휘관은 일본이 다국적군에 참가하지 못했던 이유와 그 대신 국민 한 사람당 100달러의 자금을 원조한 사실을 상세히 설명했다. 일본의 입장을 조금이라도 이해해 주리라고 기대하고서 한 행동이지만, 이에 대해 미군 장교는 이렇게 대응했다고 한다.

지갑에서 100달러짜리 지폐를 꺼낸 그는 이것을 줄 테니 내 대신 싸워 달라는 말과 함께 지폐를 지휘관에게 내밀었다고 한다. 물론 지휘관은 아무 말도 하지 못했다.

걸프전 당시에는 내 주장이 전혀 공감을 얻지 못했지만, 그 후의 국제사회의 반응을 보고 느낀 것이 있는지 최근 들어서는 일본인들의 의식도 바뀌고 있어서 기쁘지 그지없다.

유엔에 '번병'을 파견하라

현재 미국의 잘못은 세계 평화를 자국의 힘으로만 유지할 수 있다고 과신하고 있는 데에 있다.

예컨대 현재 이라크에서 벌어지는 혼란 상황 역시, 미국이 자신들의 전쟁이라 선포하며 유엔 결의를 밟지 않고 전쟁을 시작한 것이 발단이었다.

전쟁이 일단 종결된 뒤, 저항 운동이나 게릴라 활동이 멈추지 않은 최대 이유는 이라크 사람들이 미국의 전쟁 통치에 대해 '대의가 없다'고 느꼈기 때문이다. 이라크 사람들은 이 전쟁이 결국 미국의 국익을 위한 것이라고 느끼고 있는 것이다.

만일 미국이 처음부터 국제 협조 속에서 이라크 문제를 처리했다면, 이렇게까지 전후 통치에 애를 먹진 않았을 것이다.

그러한 사실을 봐도 알 수 있듯, 나는 세계 평화의 열쇠는 유엔에 있다고 생각한다.

물론 현재의 유엔이 다양한 문제점을 안고 있다는 것도 잘 안다.

하지만 현시점에서 지구상에 존재하는 주권국가 중 190개국 이상이 가입되어 있는 국제조직은 유엔뿐이다. 그렇다면 지혜를 짜내 유엔을 보다 실효성을 가진 조직으로 만들 것인지를 생각하는 것이 최선의 선택이라 할 수 있을 것이다.

하지만 유감스럽게도 현재 유엔은 평화를 위해 실력을 행사할 수 있는 독자적인 경찰력, 군사력을 가지고 있지 않다. 현재 유엔 시스템으로는 유엔이 평화 유지 활동을 펼칠 때 각국의 군대에 파병을 요청하도록 되어 있다. 그것은 어차피 남의 힘을 빌리는 것에 지나지 않는다.

유엔이 제 기능을 다하기 위해서는 역시 독자적인 상설 군사력을 보유하는 것이 이상적이다.

하지만 현재 세계정세에서 유엔이 스스로 독자적인 군대를 창설하는 것은 거의 절망적이라 봐도 무방할 것이다.

그래서 나는 예전부터 일본이 세계의 선구자가 되어 유엔에 군사력을 제공하자고 주장했다.

잘 알려진 바와 같이, 메이지유신 당시 신정부는 독자적인 군대를 가지지 않고 사쓰마, 조슈를 비롯한 구 번들의 '다국적군'에 의해 국가의 방위와 치안을 유지하려 했다. 현재의 유엔과 비슷한 구조다.

하지만 그것은 통일국가의 국방 체제로는 불충분하고, 유신의 성공 여부도 불투명하다. 그렇다고 새로운 국군을 창설하기 위해서는 너무 많은 시간과 비용이 들게 된다.

그래서 사이고 다카모리와 오쿠보 도시미치, 이타가키 다이스케 등 유신 공신들은 자신들의 출신 번인 사쓰마, 조슈, 도사의 번병藩兵을 신정부에 제공해 직할 군대로 삼았다.

이 '번병' 덕분에 신정부는 폐번치현이라는 대사업을 성공시킬 수 있었다.

나는 메이지유신의 사례를 참고해 지금이야말로 일본이 유엔에 '번병'을 제공하여, 세계 평화에 대한 일본의 자세와 이념을 전 세계에 알려야 한다고 생각한다.

지금이 바로 일본국 헌법의 정신을 발휘할 때

하지만 현재의 자위대를 그대로 유엔에 파견하는 것은 국내외로 오해를 받을 소지가 있다. 그러므로 자위대와는 전혀 다른 유엔 전용 조직을 편성하여 파견해야 한다. 물론 그럴 경우, 그 부대는 유엔 사무총장의 지휘하에 들어간다.

불행한 과거 때문에, 일본이 지금처럼 자위대를 유엔의 평화유지군에 파견한다면 주변 국가들로부터 쓸데없는 의심을 사게 될 것이다. 자위대를 어디까지나 국가 방위에 전념하는, 전수방위의 병력으로 남겨두면 그러한 마찰은 피할 수 있다.

또한 현재의 헌법 체계로는 자위대가 유엔의 평화유지군에 파견되었을 경우, 최종적인 책임이 유엔에 있는지 일본 측에 있는지 불분명하다. 이 점도 '인원, 장비는 일본이 부담하지만 지휘권은 유엔에 있다'고 명확히 해두면, 혼란을 불러일으키는 일도 없을 것이다.

그리고 또 하나, 유엔에 부대를 제공하는 것은 현행 헌법에 조금도 모순되지 않은 행동이다. 아니, 모순은커녕 헌법 정신에 합치한다고 해도 과언이 아닐 듯싶다.

왜냐하면 앞에서도 언급했듯, 일본국 헌법 전문은 세계 여러 나라들, 국민들과 협력하여 '국제사회에서 명예로운 지위를 점하고자 한다'는 이상을 내걸고 있다.

현재 지구상에서 한 나라만의 노력과 활동이 아닌, 세계와의 연계가 중요하다는 헌법의 이상에 제일 가까운 조직이 바로 유엔이며, 실제로 유엔 헌법의 정신은 각국이 개별적으로 평화를 지향하는 것이 아니라 국제적인 협조 속에서 평화를 실현하는 것에 있기 때문에 이것은 그야말로 일본국 헌법의 정신과도 합치한다고 할 수 있다.

다양한 문제를 안고 있는 유엔을 어떻게 개혁하고, 세계 평화 실현을 위한 실효성 있는 조직으로 변화시킬 것인지 생각하는 것이 현대를 살아가는 일본인의 책무일 것이다.

다행히도 현재 일본은 유엔 개혁에 중요한 역할을 담당할 수 있는 힘을 가지고 있다.

거듭 말하지만, 외교란 먼저 자신의 신념과 비전을 전 세계에 명확하게 어필하는 것에서 비롯된다. 그런 후에 스스로의 신념에 기초해 행동해야지만 국제사회가 경의를 나타내는 국가가 될 수 있다.

나는 일본이 그러한 국가가 되기를 진심으로 바란다.

일본이 세계를 위해 할 수 있는 일

물론 유엔 부대의 창설로 모든 것이 해결되지는 않는다. 군사력, 경찰력의 행사는 어디까지나 '처방'에 불과하기 때문에 전쟁이나 분쟁, 혹은 테러 자체가 사라지는 것은 아니다.

현재의 이슬람 테러 문제도 그렇지만 모든 전쟁이나 분쟁의 근원에는 빈곤 문제가 자리하고 있다.

아랍권이 서양에 대해 불신감을 가지는 것도 그 근원에는 서양과 아랍 사회의 경제 격차, 또한 아랍 사회 내부의 빈부 문제가 존재하기 때문이다. 결국 부의 편중 현상이 전쟁이나 분쟁을 일으키는 것이다.

이러한 세계적인 규모의 빈부 격차, 부의 편중을 어떻게 해결할 것인가. 어려운 문제이기는 하지만, 일본이 21세기의 외교 과제로서 다루어야 한다고 생각한다.

일본은 전후 반세기 동안 미국의 우산 아래에서 보호받아 왔기 때문에 스스로의 신념, 철학이 필요하지 않았다.

하지만 21세기의 일본은 그래서는 안 된다. '자립적인 국가'로서 세계를 위해 무엇을 공헌할 수 있느냐가 요구되고 있다. 미국의 비위만 맞추면 된다는 안이한 생각은 당장 그만두고, 지금이야말로 '일본이 세계를 위해 무엇을 할 수 있는가'를 생각해야만 한다.

6장

일본 부활은 교육에서부터

도덕성의 붕괴

앞장에서는 외교 문제를 다루었으니 이번에는 국내 문제로 눈을 돌리려 한다.

현재 일본은 다양한 문제를 안고 있지만, 그중에서도 내가 제일 염려하고 있는 문제 중 하나가 바로 사회 전체의 도덕성 상실이다.

정계나 관계뿐 아니라, 실업계나 언론계까지 다양한 분야에서 과거에는 생각지도 못했던 불상사나 스캔들이 연이어 터지고 있다. 또한 청소년 범죄도 매년 극악해지고, 당사자들의 연령도 낮아지고 있다. 유감이지만 도덕성의 저하에 따른 범죄 급증은 앞으로도 계속될 것 같다.

과거 일본은 세계에서 가장 안전한 국가라 일컬어졌고, '일본인은 안전과 물은 공짜라고 생각한다'는 말까지 나왔었다. 오래전 센고쿠戰国시대에 일본을 찾은 유럽 선교사들도 일본의 치안에

감탄할 정도였다.

섬나라란 폐쇄적인 환경 때문에 범죄가 일어나기 어려운 이유도 있지만, 일본인의 도덕성이 높았던 것은 분명한 사실이다.

하지만 그러한 일본인의 높은 도덕정신, 도덕성은 현재 자취를 감추었다.

나는 그 최대 원인이 '교육의 붕괴'에 있다고 본다.

동물의 육아와 인간의 육아

나는 동물을 좋아해서, 자택에서도 새나 개 등 많은 동물을 키우고 있다. 동물이 새끼를 키우는 모습을 관찰해 보면, 제일 먼저 가르치는 것이 바로 '자립을 위한 지혜'라는 사실을 잘 알 수 있다.

물론 갓 태어났을 때에는 온 힘을 다해 새끼를 보호하고, 먹이를 날라다 준다. 그 헌신적인 모습은 참으로 감동적이다.

하지만 그 새끼가 스스로 먹이를 먹을 수 있게 되면, 이번에는 '조금이라도 빨리 어른이 되라'는 양 전혀 도움을 주지 않는다. 새끼 새가 아무리 부모에게 먹이를 달라고 졸라도, 부모는 쳐다보지도 않는다.

물론 동물의 육아를 인간의 육아와 같은 선상에서 다룰 수는 없다. 하지만 동물이나 인간이나 교육의 기본은 마찬가지다. 새나 동물이 새끼를 키우는 모습을 보고, 나는 더더욱 그런 생각을 하게 되었다.

부모가 자식에게 가르쳐야 할 가장 중요한 메시지는 '자립'이다. 그리고 그것을 위해 필요한 지혜를 가르친다. 그것이 바로 교육의 원점이다.

하지만 '자립'이라 해도 인간은 금수와는 달리 혼자서는 살아가지 못한다. 인간은 무리지어 생활하는 동물이다. 타인과 협조하고, 협력하며 살아가지 못한다면 자신의 생활을 꾸려 나가기 힘들 것이다.

여기서 중요한 것이 바로 집단생활 속에서 살아가기 위한 최소한의 규칙과 도덕을 배우는 것이다. 설령 아무리 돈이 있고 머리가 좋아도, 집단의 규칙을 지키는 도덕심이나 스스로의 행동에 대한 책임감을 가지고 있지 않다면, 그 사람은 결코 존경 받을 수 없고, 남의 도움을 받을 수도 없다. 이것이 인간 사회의 현실이다.

이러한 도덕성과 규칙을 가르치는 것, 나는 그것이 바로 교육의 기본이라 생각한다.

진정한 '예절 교육'이란

과거의 일본인은 이것을 가리켜 '시쓰케'(예절)라 불렀다. 시쓰케란 형식적인 행동 작법을 가리키는 것이 아니다. 어엿한 성인으로서 사회생활에 필요한 지혜와 규칙을 통틀어 예절이라 부른 것이다.

에도시대의 무가 사회에서는 15세 무렵이 되면 남자는 '겐부쿠

元服'라는 의식을 치렀다. 지금으로 따지면 성인식이라 할 수 있겠지만, 겐부쿠는 아이가 성인이 된 것을 축복하는 의식이 아니었다.

그렇다면 무엇을 위한 의식이었을까. 겐부쿠는 바로 '오늘부터 너를 성인으로 대하겠다'고 선고하는 의식이었다. 즉, 지금까지는 어린 자식이 문제를 일으켜도 부모가 감싸주었지만, 앞으로는 그러지 않겠다는 것을 확인하는 엄숙한 의식이었던 것이다.

실제로 무가의 겐부쿠에서는 일반적으로 부모가 자식에게 주는 '마지막 가르침'으로 할복 방법을 가르쳤다고 한다. 만일 무사로서 주군을 모시다 불상사를 일으켰을 때에는 책임을 지기 위해 배를 가른다. 이것이 봉건시대의 '자기책임'의 방식이며, 무사로서 살아가기 위해 필요한 규칙이기도 했다.

현대의 교육은 어떠한가. 과연 지금의 어른들은 아이들에게 에도시대의 무사처럼 '어른이 되는 것은 스스로 책임을 지는 것이다'라는 메시지를 전달하고 있는가?

그 답은 굳이 말할 필요도 없을 것이다.

니트족 증가의 책임은 어른들에게 있다

최근 '니트'[1]라 불리는 젊은이들의 존재가 사회적으로 문제가 되고 있다.

---

1 NEET: Not in Education, Employment or Training.

눈앞에 취직할 기회가 있어도 일하려 들지 않는다. 혹은 학교에 다닐 만한 여건이 되는데도 배우려 하지 않는다. 현재 일본에는 이런 젊은이들이 수십 만 명에 이른다고 한다.

이러한 젊은이들이 대량으로 발생하는 원인은 어디에 있을까.

물론 일차적인 원인은 그들 자신에게 있겠지만, 역시 나는 그러한 젊은이들을 만든 어른들이 반성해야 한다고 생각한다.

'아이들은 구김살 없이 무럭무럭 자라야 한다'고 하면서도 결국은 응석을 받아주기만 하는 어른들이야말로 니트족 증가에 책임을 져야 한다. 아이를 어엿한 사회구성원으로 만들기 위해서는 벼랑에서 밀어 떨어뜨리는 것도 필요하다. 그런데도 지금 일본의 어른들은 그 의무를 게을리 했다. 그렇기 때문에 자립하지 못하거나, 자립을 필요 이상으로 두려워하는 젊은이들이 늘어난 것이다.

하지만 니트족들의 부모들에게만 비난의 화살을 돌릴 생각은 없다.

왜냐하면 '자립을 위한 예절' 교육은 가정이나 학교에서만 이루어지는 것이 아니라, 사회 전체가 함께 풀어가야 할 문제라고 생각하기 때문이다.

과거 일본에서는 '예절 교육'이 가정이나 학교뿐만 아니라, 지역사회나 아이들끼리의 교우관계 속에서도 이루어져 왔다. 남에게 폐를 끼치는 아이를 발견하면 남의 집 아이라 해도 혼을 냈고, 마찬가지로 아이들의 교우관계 속에서도 일정한 규칙이 있었다. 예컨대 싸움을 할 때에는 도구를 이용해서는 안 된다는 것도 그런 규칙 중 하나라고 할 수 있을 것이다.

하지만 현재에는 그러한 지혜와 매너를 가르쳐 주는 사람이 점점 줄어들었고, 학교에서도 가정에서도 아이들의 응석을 받아 주는 것이 당연시되고 있다. 그러한 풍조가 니트족 증가로 이어지고 있고, 또한 청소년 범죄의 증가로도 이어지고 있는 것이라 생각한다.

가치관이 존재하지 않는 전후 교육

예절 교육이란 요컨대 '제2의 DNA'라 할 수 있다.

동물의 경우 DNA에 새겨진 유전 정보에 의해 대다수의 행동이 정해져 있으며, 그것에서 일탈하는 경우가 거의 없다.

하지만 인간의 경우 본능에만 맡긴다면, 전쟁 등에서 그 예를 볼 수 있듯 끝도 없이 무의미한 살육을 벌이기도 한다. 학자 중에는 인간을 '본능이 망가진 동물'이라 부르는 사람도 있을 정도로, 갓 태어난 인간은 불완전하기 때문에 교육을 통해 확실한 사회성을 갖춰야만 한다. 인간에게 사회생활을 하기 위한 '예절 교육'은 불가결한 것이다.

하지만 전후 일본에서는 잘못된 자유주의, 잘못된 개인주의가 만연하며 이러한 '예절 교육'의 의미를 너무나도 경시해 왔다.

그 원인은 굳이 말할 것도 없이, 1945년의 패전으로 그때까지 일본 사회를 지탱해 왔던 가치관이 모두 붕괴했기 때문이다.

그 결과 일본 사회에서는 아이들을 키우고 교육하는 것에 대한 '지혜'가 사라졌다. 기존의 예절 교육은 모두 반동적, 봉건적인 것으로 간주되었고, 아이들을 방임하는 것이 '민주주의'라고 오해하기 시작했다.

그래도 당초에는 일본적인 가치관이 아직 사회 속에 남아 있었지만, 전후 60년을 경과한 지금, 일본은 '도덕성을 상실한 사회'로 타락해 버렸다.

이제는 전후 3세대가 성인이 되는 세대다. 3대에 걸쳐 '예절 교육'이 경시되어 왔으니, 이렇게 된 것도 당연한 결과라 할 수 있을 것이다. 니트족이 증가하는 것도 이상할 것은 없다.

물론 이러한 문제를 방치해서는 안 된다. 이러한 경향이 점점 강해진다면 분명 일본 사회 자체의 붕괴로 직결될 것이다.

교육 부흥에는 1세기가 소요된다

그래서 최근에는 학교교육을 재정비해야 한다는 여론이 나오고 있지만, 앞에서도 언급했듯 교육은 학교에서만 이루어지는 것이 아니다.

학교의 교과 과정을 바꾼다고 아이들이 달라지지는 않는다. 교육 문제는 그리 간단한 것이 아니다. 애초에 일본의 어른들도 제대로 자립하지 못하고서 아이들에게 자립을 요구하는 것은 말이 안 된다.

나는 지금 일본이 진정한 도덕성과 예절 교육이 부활하기 위해서는 반세기, 어쩌면 1세기까지 걸릴 것이라 생각한다. 그 정도로 일본인의 도덕성과 자립정신은 심각하게 저하되었다. 문부과학성이 임시방편을 내놓는다고 해서 금세 달라질 문제가 아니다.

하지만 그렇다고 해서 지금 일본의 상황에 절망하지는 않는다.

'가난한 집에 효자 난다', '나라가 어지러우면 충신이 나타난다'는 맹자의 말처럼, 그러한 상황에도 반드시 확고한 뜻을 가진 젊은이가 나타날 것이라고 나는 믿는다.

메이지유신의 예를 보면 알 수 있다. 막부가 무너질 때까지 약 300년 동안, 일본의 지배계급이었던 무사들은 태평성대 속에서 기득권을 누리며 살아 왔다. 하지만 페리의 흑선이 나타나자, 온 나라에서 높은 개혁의 뜻을 가진 젊은이들이 차례차례 나타나 메이지유신을 단행했다. 그야말로 '나라가 어지러우면 충신이 나타난다'라는 말이 들어맞는 경우다.

지금 일본의 사정 역시 마찬가지일 것이다. 분명히 전체적으로 보면 도덕성 붕괴가 심각하다. 하지만 그렇다고 해서 모든 젊은이들이 도덕성을 잃은 것은 아니다. 나의 '오자와 이치로 정치 교실'에 모인 젊은이들을 보면, 결코 희망을 잃어서는 안 된다는 사실을 실감하게 된다.

일본 공교육의 본질적인 결함

하지만 어른들이 이러한 젊은이들에게 모든 것을 떠맡기고 아무 일도 하지 않을 수는 없다. 지금 할 수 있는 일은 무엇인가, 무엇을 해야만 하는가에 대해 생각하는 것은 정치가의 사명이자 나아가서는 일본 국민 모두의 의무다.

나는 예전부터 정책 과제의 중요한 근간으로 교육 개혁의 필요성을 역설해 왔다.

단순히 현행 교과과정을 바꾸자는 이야기가 아니다.

분명히 최근의 문부과학성이 제창하는 '유토리 교육'[2]에는 중대한 문제가 있다. 과거, 세계 제일을 자랑하던 일본 어린이들의 학력이 떨어진 것은 분명 잘못된 '유토리 교육'의 결과다.

그렇다면 그러한 교과과정을 바꾸면 모든 문제가 해결되느냐, 물론 그렇지 않다.

그런 것은 임시방편적인 개혁에 지나지 않는다. 더욱 본질적인 부분이 바뀌지 않는 한 일본 교육은 개선되지 않을 것이다.

우선 바꿔야 할 것이 바로 의무교육의 '최종 책임자'를 명확히 하는 일이다.

이 말을 듣고 놀라는 분들도 계시겠지만, 현행 일본의 의무교육 시스템에서는 아무도 최종 책임을 지지 않는다. 온 나라가 무책

---

2 한때 일본에서 실시된 교육 방침으로서 아이들에게 '여유를 주는 교육'을 뜻한다.

임한 사회가 되어 가고 있다고 지적했지만, 그것은 교육 부문에서도 예외는 아니다.

GHQ에 의한 교육 개혁

일반적으로 문부과학성이 일본의 학교교육, 특히 의무교육의 최종 책임자라 생각할지 모르나, 실은 그렇지 않다.

현재의 학교교육 시스템이 정착된 것은 일본이 GHQ의 점령하에 있던 시대였다. 1947년에 교육기본법이 제정된 것을 시작으로, 일본의 학교교육 제도는 대폭 개정되었다.

모두 아시다시피, 패전국인 일본을 점령한 GHQ는 다양한 제도개혁을 실시했지만, 그 개혁의 진짜 목적은 강한 일본을 부활시키지 않는 것이었다.

물론 표면상으로 GHQ의 점령정책은 일본을 민주적인 국가로 만들기 위한 것이었다. 그것도 거짓은 아닐 것이다.

하지만 미국의 국익이란 관점에서 보면, 전전 일본의 통치 시스템이나 사회 제도를 개혁함으로써 일본이 다시 미국에 전쟁을 선포하거나, 미영 중심의 국제 질서에 도전할 위험성을 차단하려는 의도가 있었던 것 또한 사실이다. 패배했다고는 해도, 미국에게 일본의 존재는 여전히 위협적이었던 것이다.

그래서 GHQ는 정치, 경제, 사회 등 각종 분야에서 점령정책을 실행했다. 그 일환으로 시행된 것이 바로 교육 개혁이었다.

그렇다면 대체 GHQ는 일본의 교육제도를 어떻게 바꿔 놓았을까?

GHQ의 교육 개혁을 한마디로 표현하면 교육의 지방분권화다.

전전의 교육 시스템은 '국정교과서'로 상징되는, 문부성을 정점으로 하는 중앙집권적인 체제였다. GHQ는 이러한 교육 시스템으로 인해 일본인들이 군국주의를 추종한 것이라고 생각했다.

그래서 GHQ는 1948년에 '교육위원회법'을 제정해 각 자치단체에 독립된 교육위원회를 설치하여 교육 행정의 완전 지방 분권을 계획하고, 중앙으로부터의 통제를 배제하고자 했다.

이러한 교육 개혁의 취지는 결코 잘못된 것이 아니다.

실제로 미국의 교육제도는 지방분권화를 기본으로 하고 있으며, 국정교과서도 없을 뿐더러 일본처럼 지도 지침이 있는 것도 아니다. 물론 문부성도 없다. 각각의 지자체가 모두 독자적인 교과서를 가지고 있고, 배우는 내용도 각각 다르다. 유명한 일화로 과거에는 '성서의 가르침에 위배된다'는 이유로 진화론을 가르치지 않는 주도 있었다고 한다.

하지만 미국에서 성공했다고 해서 일본에서도 성공하리라는 보장은 없다. 일본의 교육위원회 제도는 교육위원 선거가 정치 투쟁의 도구로 사용되는 등 당초의 목적대로 기능하지 못했고, 1956년에 교육위원회법은 폐지되었다.

누가 교육의 최종 책임자인가

비슷한 문제는 경찰제도의 개혁에서도 발생하고 있다.

GHQ는 1948년에 전전의 국가경찰을 해체해 시정촌마다 공안위원회를 설치하는 이른바 '지자체 경찰'을 설치하지만 이 또한 제 기능을 다하지 못했다. 경찰 조직이 지자체마다 나뉘어 있기 때문에 관할을 넘은 광역 사건에 대응하지 못하는 결함이 있었기 때문이다.

그래서 경찰 조직에 관해서는 일단 지자체 경찰은 각 도도부현경이란 형태로 남겨 두고, 전국의 경찰을 총괄하는 조직으로 경시청을 만들었다(1954년).

이렇게 돌아보면 GHQ가 시행한 교육 개혁과 경찰 개혁은 모두 비슷한 운명을 걸어간 것처럼 보이지만, 실제로는 큰 차이점이 있다.

그것은 바로 경찰은 각 도도부현경을 관할하는 조직으로 경시청이 설치되었지만, 교육은 그렇지 못했다는 점이다.

아마 많은 사람들은 경찰의 총책임자가 경시청 장관인 것처럼, 일본 교육의 총책임자는 문부과학성 대신이라고 생각할지도 모른다.

하지만 법 제도적으로 따져 보면 그렇지 않다.

1956년에 교육위원회법이 폐지된 뒤에 만들어진 법률(지방 교육행정 조직 및 운영에 관한 법률) 조문을 읽어 보면 그 사실을 잘 알 수 있다.

거기에는 각 교육위원회는 문부과학대신으로부터 '필요한 지도, 조언, 또는 원조'를 받을 수 있다고만 명시되어 있다. 이것이 복병이다.

'지도, 조언, 또는 원조'와 '명령'은 일견 비슷한 말처럼 보이지만, 그 무게는 하늘과 땅만큼이나 차이가 난다.

왜냐하면 이것을 명령이라 하면, 그 책임은 명령을 내린 측에 있다. 하지만 지도, 조언의 경우에는 어떨까?

구체적으로 생각해 보자.

만일 자신의 아이가 다니는 초등학교, 중학교에서 학력 저하 등의 문제가 발생했다고 가정하자. 그에 대해 학교에 항의했지만 별다른 해결 방안이 나오지 않는다. 그래서 의무교육기관을 관할하는 교육위원회에 불만을 제기했다.

그 경우, 과연 교육위원회가 책임지고 대처해 줄까? 반드시 대처해 준다는 보장은 없다.

왜냐하면 '우리는 문부과학성의 '지도'에 따라 교육하고 있기 때문에 아무런 잘못도 없습니다'라는 대답이 돌아올 것이기 때문이다.

실제로 일본의 의무교육제도에서는 문부성의 검정에 합격한 교과서만을 사용할 수 있고, 문부성이 만든 학습지도요령에 따라야 하기 때문에 교육위원회가 할 수 있는 일은 제한되어 있다.

그렇다면 문부과학성에 항의하면 되는 것일까?

문부과학성에서는 '우리는 어디까지나 '조언'을 할 뿐, 실제 교육에 관해서는 교육위원회가 결정할 문제입니다'라고 답할 것이다. 요컨대 국가와 지방이 서로에게 책임을 떠넘기며, 최악의 '무책임 체제'가 된 것이다.

현재의 교육 문제의 근저에는 이러한 제도의 허점이 존재하고 있다는 사실을 잊어서는 안 된다.

교육 현장에 만연한 '무사안일주의'

요즘 초등학교, 중학교에서는 아이들이 아침 일찍 등교하거나 방과 후 늦게까지 교내에서 노는 것을 꺼리고 있다.

무슨 사고라도 일어나면 곤란해지기 때문이다. 내가 어릴 적에는 상상할 수도 없던 이유다.

요즘처럼 자동차에 둘러싸인 생활환경 속에서는 예전처럼 골목에서 노는 것은 불가능하다. 학교를 개방하여 그 안에서 아이들이 함께 뛰놀며, 기본적인 사회생활을 배우는 것도 교육의 일환일 텐데, 교사들은 책임을 회피하기 위해 아이들을 학교에서 내쫓고 있다. 이것이 바로 본말 전도가 아니겠는가. 이러니 아이들이 집에 틀어박혀 컴퓨터 게임에만 열중하는 것이다.

하지만 이러한 '무사안일주의'가 교육 현장에 만연하게 된 것도 결국 교육 현장의 최종 책임자가 불분명하기 때문이다. 만일 책임자가 의연하게 책임지는 자세를 보인다면, 현장의 교사들도 더욱 다양한 시도를 해볼 수 있을 것이다.

하지만 무언가 문제가 생겼을 때, 책임자가 책임을 지지 않는 시스템이기 때문에 현장의 교사들도 위축되어 버린 것이다.

흔히들 '요즘 교사들은 월급쟁이 회사원이나 마찬가지다'라며 비판하지만, 현장에서 아이들을 돌보는 교사들에게만 그 책임을 떠넘기는 것은 옳지 않다.

국가가 교육의 최종 책임을 져야 한다

그렇다면 대체 이러한 무책임 체제는 어떻게 해소할 수 있는 것일까.

내 제안은 이렇다. 현실적으로 지방의 교육위원회에 최종적인 책임을 지우는 것이 어렵기 때문에, 역시 의무교육에 관해서는 국가에서 책임을 지는 것으로 법 제도를 명확하게 해야 한다.

독자들 중에는 의무교육의 책임을 국가가 진다고 하면 전전의 교육 시스템으로 역행하는 것은 아닌가 하고 우려하는 이들도 있을 것이다.

하지만 중앙집권=반동적이라 규정하는 것은 오해이고 편견이다. 프랑스의 예를 들어보자. 프랑스는 전통적으로 국가에서 초등교육을 관리해 왔고, 지금도 영국이나 미국에 비해 국가 통제의 성격이 짙다. 교직원 채용시에도 국가가 직접 관여하는 형태를 취하고 있다. 하지만 그것 때문에 프랑스의 민주주의가 위기에 처했다는 소리는 들어보지 못했다.

각 지자체별로 특색 있는 교육을 펼치는 것에는 분명히 나름대로의 의의가 있다. 하지만 그러한 개혁을 행하기 전에 먼저 '교육의 책임을 누가 지는가'라는 문제를 명확히 하는 것이 현재 일본에 필요한 일이라고 생각한다.

현재 일본에서는 학습지도요령이 정신없이 바뀌고 있다. 예전에는 '유토리 교육'이었지만, 이제는 '학력 중시'다. 180도로 달라진 것이다.

교육 개선을 위해 기존의 방식을 반성하고, 방침을 전환하는 것에 큰 문제는 없다. 하지만 '유토리 교육'이 실패했다면 학습지도요령을 결정한 사람이 그 책임을 지는 것이 민주주의의 규칙이자 도덕이 아니겠는가.

무책임한 어른들로 인해 제일 피해를 보는 것은 바로 아이들이다. 일본의 장래를 위해서라도 우리는 먼저 교육을 개혁해야만 한다.

애국 교육은 과연 필요한가?

2006년에 자민당은 국회에 교육기본법 개정안을 제출했다. 이 사안에 대해서도 꼭 한마디 하고 넘어가야겠다.

자민당이 이 법안을 제출한 주된 목적 중 하나는 교육기본법안에 '애국심'이란 단어를 포함시키기 위해서였다.

하지만 일본이 안고 있는 교육 문제는 법률의 문면을 바꾼다고 해결될 문제가 아니며, 애초에 애국심 자체도 법률에서 만들어지는 것이 아니다. 또한 설령 교육 현장에서 애국심을 가르친다고 해도, 그것을 진정한 애국심이라고 부를 수 있을까.

애국심은 어렸을 때부터 적절한 교육을 행하고 예절을 가르치면 자연스레 생겨나는 법이다.

가족이나 친구를 소중히 여기지 못하는 사람이 진정한 애국심을 가질 수 있을 리 없다. 자신이 살아가는 공동체를 소중하게 생각하지 않는 사람에게 애국심을 요구하는 것은 쓸데없는 짓이다.

애국심 교육 같은 것을 생각하기 전에, 가족을 소중히 하는 마음, 그리고 친구나 주변 인간관계를 소중히 여기는 마음을 먼저 키워야 하지 않을까.

나아가 이러한 '정신론'을 내세우기 전에 정치가가 해야 할 일은 현행 '제도' 어디에 문제가 있으며, 그것을 어떻게 개혁할 것인지를 구체적으로 생각하는 일이다. 그것이야말로 정치가가 해야 할 일이며, 그것을 위해 아무런 노력도 하지 않고 국민에게 애국심을 요구하는 것은 억지 논리에 가깝다.

참고로 우리 민주당이 제출한 '일본국 교육기본법안'에는 물론 애국심이라는 단어는 들어가 있지 않다. '일본을 사랑하는 마음'이라는 구절은 있지만, 그것은 어디까지나 '함양'해야 할 것, 즉 자연과 국민 사이에 생겨날 수 있도록 국가나 정부가 노력한다는 뜻이다.

또한 그 대상도 '국가'란 추상적인 것이 아니라 일본의 전통과 문화, 사회를 자랑스럽게 생각하도록 노력하겠다는 뜻으로, 자민당이 말하는 '애국심'과는 전혀 의미가 다르다.

알려진 대로 전전의 일본에서는 부국강병이라는 슬로건하에서 '위로부터의 애국심 교육'을 실시했다. 특히 군대에서는 애국정신의 중요성이 과도하게 강조되었다. 그 결과는 어떤가. 과연 진정한 애국자가 나왔다고 할 수 있을까?

일본 육군의 '전진훈'에는 '살아서 포로의 굴욕을 받지 말 것'이라는 조항이 강조되었다. 하지만 병사들에게 그것을 지도한 책임자들은 전쟁이 끝난 뒤에도 살아 남아 전범으로서 연합국 측에서 재판을 받았다.

또한 당시의 군인들은 일본 병사들이 세계에서 제일 충실하다고 자랑했지만, 실제로 포로가 된 병사나 장교들 중에는 자진해 군사기밀을 넘긴 사람이 수없이 많아서, 연합군이 기막혀 했을 정도였다고 한다. 이 사실은 최근 출판된 『일본병 포로는 무엇을 발설했는가』라는 책에 구체적으로 보고되어 있다.

결국 아무리 위에서 강요하고, 세뇌해도 진정한 애국심은 생겨나지 않는다. 진정한 애국심이란 일상생활 속, 즉 가정생활이나 사회생활 속에서 생겨나는 것이다.

그리고 어른들이 해야 할 일은 아이들이 자랑스럽게 여길 수 있는 사회와 국가를 만들어 가는 일이다. 그 사실을 망각한 애국심 교육은 모두 무의미한 것이다.

진정한 교육 개혁이란 무엇인가

이 부분에서 나는 "콰이강의 다리"라는 영화가 떠올랐다.

이 영화는 전쟁 중, 일본군 포로가 된 연합군의 병사와 장교들이 태국과 미얀마의 국경에 있는 콰이강에 다리를 놓는다는 내용인데, 중간에 이런 장면이 있다.

전쟁 포로에 대한 대우가 명시된 제네바협약에는 일반 병사의 경우에만 노역이 허용된다고 되어 있지만, 일본 측의 포로수용소장은 연합군의 장교에게까지 노역을 강요하려 한다. 그에 대해 영국군 장교(알렉 기네스 분)는 단호하게 노역을 거부하다 독방에 수감된다. 같은 영국 병사들이 그 영국군 장교의 용기에 감탄해 박수갈채를 보낸다.

나는 이 장면이 무척 인상에 남았다.

왜냐하면 일본인들이 포로로 잡혔다면 그렇게 행동하지 못했을 것이기 때문이다. 분명히 '우리 일반 병사들은 일하고 있는데 장교들은 일하지 않다니 불공평하다'라고 반응할 것이기 때문이다.

실제로 전쟁 중의 기록을 보면 포로수용소에 수감된 일본인은 그 즉시 병사와 장교의 구별이 사라진다는 언급이 많다. 충실하고 용감하다고 칭송받아온 일본의 병사들이 포로수용소에 수감되자마자 태도가 달라지는 것이다. 그중에는 과거의 상관을 부려먹는 부하까지 있었다고 한다(자세한 이야기는 아이다 유지의 『아론 수용소』라는 책에 실려 있다).

이에 비해 영국이나 미국의 경우에는 설령 포로로 잡혀 있다 할지라도 상하계급은 사라지지 않는다. 포로수용소 안에서도 반드시 상관은 리더로서 행동하고, 병사들은 그의 지휘에 따른다.

대체 왜 이런 차이가 나타나는 것일까?

나는 그 이유를 영미 사회와 일본 사회의 시스템의 차이에서 찾을 수 있다고 생각한다. 영국인이나 미국인들에게 사회의 시스템은 '자신들이 정하는 것'이지만, 일본인들은 그렇지 않다. 그러한 구조나 규정은 '윗분들이 정한 일'이라 받아들이는 것이 일본식 발상이다.

따라서 적의 포로가 되어 그러한 존재가 사라지면, 일본인들은 계급이나 역할의 차이가 모두 사라지는 무질서한 태도를 취하는 것이다.

이에 비해 영국이나 미국인의 경우에는 계급 제도도 자신들의 필요에 의해 선택한 것이란 의식이 있기 때문에 포로가 되어도 바꾸려 하지 않는다.

이야기가 길어졌지만, 애국심 역시 같은 문제라 할 수 있다.

일본인은 무슨 문제가 생기면 금세 윗분들이 어떻게든 해주기를 바란다.

일본인의 도덕성 저하 문제는 본디 일본인 모두가 생각해야 할 주제이지, 법률에 애국심이란 단어를 끼워 넣는다고 해서 해결될 문제가 아니다.

역시 국민 개개인이 이 나라를 어떤 나라로 만들 것인가, 내일의 일본을 짊어질 젊은이들이 어떤 사람이 되길 원하는가를 진지하게 생각하지 않는 이상, 진정한 교육 개혁은 이룩할 수 없다. 또한 새로운 일본을 만드는 것도 불가능하다. 나는 그렇게 생각한다.

오자와 이치로 씨에 대해서는 새삼 여기서 구체적으로 소개할 필요가 없을 만큼 이미 한국에서도 널리 알려져 있다. 일본어든 한국어든 웹사이트에서 '오자와 이치로'로 키워드 검색만 해 봐도 그와 관련한 갖가지 정보와 기사, 논평 등이 홍수처럼 넘쳐 난다. 물론 그중에는 객관성이나 정확성이 결여된 내용도 많다. 어쨌든 일본 현대사나 정치외교를 제대로 이해하고자 한다면 오자와 이치로라는 인물과 좋든 싫든 대면할 수밖에 없다는 점은 부인할 수 없다.

오자와 씨가 펴낸 편저서나 그와 그의 정치를 다룬 책들은 이미 상당히 많고 내용도 다종다양하다. 그러나 내가 보기에는 오자와와 관련한 기존의 모든 책을 통틀어서 『오자와이즘』만큼 그의 정치철학과 행동을 파악하는 데 최적의 저작은 없다고 확신한다. 말하자면 이 책이야말로 오자와 정치의 원점이자 핵심을 저자 스스로가 밝힌 엑기스 같은 책이라고 할 수 있다. 그의 또 다른 대표 저서인 『일본개조계획』이 만년 집권 여당인 자민당의 실세였던 입장에서 쓴 책이라면 『오자와이즘』은 그가 야당으로 뛰쳐나가 고군분투, 와신상담하면서 자신의 평소 정치신조와 행동 원리를 더욱 세련되게 가다듬어 육필로 쓴 책이라고 할 수 있다.

정치인 오자와 이치로가 어떤 사람이냐고 묻는다면 나는 다음의 세 가지 키워드로 설명하고 싶다.

첫째, 그는 일본 개혁의 설계사요, 미래의 기획자다. 그는 과감한 개혁을 통해 전후체제 일본을 혁파해야 한다고 주창해 왔다. 전후 냉전체제하에서 고도경제성장을 이끌어 왔던 자민당 - 관료 지배 체제는 한때 일본의 성공을 만들어 냈지만 90년대 이래 일본 내외 환경의 변화로 말미암아 수명을 다했다는 것이 그의 지론이다. 그가 설계하는 새로운 일본 정치의 청사진은 무엇인가? 먼저 선거에 의해 정권교체가 이뤄지는 양당정치 시스템의 확립이다. 이를 위해 그는 1993년 소선거구제도 도입을 주도했다. 또한 민의의 선택을 받은 정치세력이 정책결정을 주도하는 '정치우위의 체제' 확립을 꿈꿔 왔다. 관료 지배의 구조를 타파하고 정치가 주요 결정을 주도하는 체제로 이행해야 한다는 것이다. 이는 민주당의 매니페스토에 그대로 반영되었으며 지금의 일본 정치현실에서 구현되고 있다. 더불어 외교안보 정책에서는 일방적인 대미의존 체질을 탈피하고 '보통국가' 일본을 건설하여 일본 스스로의 판단으로 국제사회의 안전과 평화에 공헌해야 한다는 주장을 펼쳐 왔다. 장기적으로 보면 그의 이러한 기획과 비전은 일본 정치외교의 현장에서 구체적으로 실현되고 있다.

둘째, 그는 개혁과 변화를 위해 스스로 몸을 던지는 변혁가다. 90년대 이래 일본 정치의 변혁 과정은 오자와 씨의 존재를 빼고는 설명할 수 없다고 해도 과언은 아니다. 1993년 철옹성과 같았던 자민당 분열의 도화선을 제공한 것은 그의 탈당이었고 이어서 등장한 호소카와, 하타를 수반으로 하는 비자민 연립정권의 밑그림을 그린 사람 역시 그였다. 야당인으로 변신한 후에는 신생당, 신진당, 자유당의 창당을 주도하며 야권 통합을 모색하였고 마침내 하토야마 민주당과의 합당을 통해 수권 능력을 갖춘 강력한 야당을 만들어내는 결단을 내렸다. 오자와 씨는 이러한 정치적 격동 속에서 언제나 태풍의 눈이었고, 그의 풍운아적인 기질을 맘껏 발휘하였다. 40대에 집권 자민당의 간사장으로 취임하여 사실상의 킹 메이커 역할을 담당하였고 실제 권력의 최고봉인 총리대신 자리에 손쉽게 오를 수 있었음에도 그는 정치 현실에 안주하기 보다는 스스로 몸을 던져 개혁을 추구하는 정치적 결단을 내렸다. 이 책에서도 언급하고 있듯이 그는 일본사에서 일대 개혁을 추구했던 오다 노부나가, 오쿠보 도시미치, 사카모토 료마를 정치적 스승으로 삼고 있다. 그는 이 시대에 일본에게 요구되는 것은 시효를 다한 전후체제를 혁파하고 새로운 일본 정치의 틀을 재구축하는 것이며 이를 위해 과감히 행동에 나서는 것이라고 확신하고 있다.

세 번째는 그는 일본 민주당 정권의 사실상 최고 실권자다. 2009년 8월 말의 중의원 선거에서 민주당은 480석 중 308석을 획득하는 사상 최대의 압승을 거두어 자민당 장기정권을 종식시켰다. 이 역사적인 선거의 총 지휘자는 다름 아닌 오자와 이치로 씨였다. 입후보자 공천과 선거운동, 선거자금 조달 지원에 이르는 선거 과정 일체가 그의 기획과 전략에 의해 치러졌다고 해도 과언은 아니다. 선거 후 '오자와 그룹'에 속하는 민주당 의원수는 120~150석으로 널리 회자되고 있다. 이 숫자는 55년 체제하 자민당의 최대 파벌이었던 다나카 파의 최고 전성기 당시의 의석수를 웃도는 숫자일 뿐 아니라 야당으로 전락한 자민당의 의석수 119석보다도 더 많은 수다. 따라서 일본의 언론은 오자와 씨의 막강한 권력을 우려 섞인 눈으로 바라보면서 이른바 '권력의 이중구조'를 비판하고 있는 실정이다. 지금의 일본 정치에서 정부의 수반이 누구이든 간에 정권의 최고 실세는 사실상 오자와 씨라는 점에 이론의 여지가 없다. 당정 분리의 원칙 아래 오자와 간사장은 실제 정부의 정책에 대한 관여를 최대한 자제하는 태도를 보이고 있지만 의원내각제하에서 국회를 사실상 장악하고 있는 집권 여당의 최고 실력자의 언행 하나 하나는 세간의 큰 주목을 받을 수밖에 없다.

그럼에도 필자가 몇 차례의 만남을 통해 받은 인상으로는, 오자와 이치로 씨는 인간적으로 따뜻하고 소탈한 모습을 지닌, 마치 친척 아저씨와 같은 편한 느낌을 주는 분이다. 또 한편으로 신뢰를 중시하고 깍듯한 예의와 절제를 갖춘 신사로서 그의 말은 언제나 꾸밈이나 형식이 없고 솔직 담백하다는 것이 그분에 대한 나의 솔직한 인상이다.

이 번역서의 출간은 오자와 이치로 씨의 2009년 12월 12일

국민대 일본학연구소 초청 특강을 계기로 하여 이뤄졌다. 오래 전부터 필자는 이 책의 번역 출간을 계획하고 있었지만 이번 국민대 특강이 전격적으로 성사됨에 따라 출간 일정을 서두르게 되었다. 이 책의 초벌 번역은 국민대학교 대학원 일본학 전공 과정에서 공부하고 있는 최고은 씨가 담당해 주었다. 그는 사실상 몇 권의 단독 역서를 출간한 바 있는 프로 번역가다. 워낙 완성도 높은 초벌 번역을 해줘서 나의 작업은 약간의 수정을 가하고 역주를 다는 한편, 다소의 생소한 개념어를 손보는 일과 교정 정도에 그칠 수 있었다. 다시 한 번 단시일 내에 어려운 번역 작업을 맡아서 도와준 최고은 씨의 노고에 감사하며 촉박한 일정에도 번역 출간을 담당해 준 논형출판사의 소재두 대표님과 편집진에게도 고마움을 전하고 싶다.

2009년 11월 28일

이원덕

오자와 이치로 저서 및 관련 연구서

· 저서

『小沢主義 志を持て, 日本人』(集英社, 2006)

『剛腕維新』(角川学芸出版, 2006)

『90年代の証言: 政権奪取論』(공저, 朝日新聞社, 2006)

『政権交代のシナリオ「新しい日本」をつくるために』(공저, PHP出版, 2003)

『日本改造計画』(講談社, 1993)

『語る』(文芸春秋, 1996)

『ジョン万次郎とその時代』(감수, 廣済堂出版, 2001)

· 연구서

『ドキュメント政権交代: 自民党崩壊への400日』(河出書房新社, 武田一顯 著, 2009)

『小沢選挙に学ぶ人を動かす力』(かんき出版, 野地秩嘉/小塚かおる 著, 2009)

『民主党政権 』(ベストセラーズ, 大下英治 著, 2009)

『わが友・小沢一郎』(幻冬舎, 平野貞夫 著, 2009)

『小沢一郎の魅力: 書生気質の蒸気機関車』(中日出版社, 葉村久士 著, 2009)

『小沢一郎総理(仮)への50の質問』(공저, 扶桑社, 小沢一郎/おちまさと, 2008)

『政権交代』(文藝春秋, 榊原英資 著, 2008)

『総理大臣小沢一郎』(サンガ, 板垣英憲 著, 2007)

『政権交代: 小沢一郎最後の戦い』(共栄書房, 板垣英憲 著, 2007)

『虚像に囚われた政治家小沢一郎の真実』(講談社, 平野貞夫 著, 2006)

『「小沢一郎」入門』(三笠書房, 森田実 著, 2006)

『小沢一郎の政権奪取戦略』(河出書房新社, 大下英治 著, 2005)

『小沢一郎/男の行動美学』(プラネット出版, 三苫雅文 著, 1999)

『小沢一郎の時代』(同文書院, 板垣英憲 著, 1996)

『小沢一郎総理大臣待望論』(ジャパン・ミックス, 板垣英憲 著, 1994)

『一を以って貫く: 人間 小沢一郎』(講談社, 大下英治 著, 1993)

『小沢一郎の逆襲』(サンドケー出版局, 龍崎孝 著, 1998)

『あの人: ひとつの小沢一郎論』(飛鳥新社, 渡辺乾介 著, 1992)

『小沢一郎・全人像』(行研出版局, 小田甫 著, 1992)

『決断するユダヤ人, 先送りする日本人』(幻冬舎ルネッサンス, 葉村久士 著, 2008)

『世界一泣ける父母への手紙』(講談社, 日本の親に感謝する会 編, 2006)

『ありがとう. この言葉』(大和出版, 東京新聞編集局 編, 2002)

『愛すればそっくり』(幻冬舎, ワック編, 2002)

『異形の将軍: 中角栄の生涯』(幻冬舎, 津本陽 著, 2002)

『美味良縁: 十五人の昼膳交友録』(日経BP企画, 茂木友三郎 著, 2002)

『犬のココロ』(新潮社, FOCUSわんわん探偵局 編, 2001)

『頂上対談』(新潮社, ビートたけし 著, 2001)

오자와이즘

도전하는 청년에게 고함

지은이 오자와 이치로
옮긴이 이원덕 · 최고은

초판 1쇄 인쇄 2009년 12월 1일
초판 1쇄 발행 2009년 12월 10일

펴낸곳 논형
펴낸이 소재두
편 집 김현경 · 김가영
표 지 김예나
홍 보 박은정
등록번호 제2003-000019호
등록일자 2003년 3월 5일
주 소 서울시 관악구 성현동 7-78 한림토이프라자 6층
전 화 02-887-3561
팩 스 02-887-6690

ISBN 978-89-6357-003-7 03340
값   12,000원

이 도서의 국립중앙도서관출판시목록(CIP)은
e-CIP 홈페이지(http://www.nl.go.kr/cip.php)에서 이용하실 수 있습니다.
(CIP 제어번호: 2009003814)